BRAND PUBLISHING NA PRÁTICA

Aline Caio, Beto Francellino, Bruno Costa, Deborah Masiviero Huff, Gil Maranhão Neto, Guilherme Murtinho, Hamilton dos Santos, Joana Almeida de Carvalho, João Gabriel Pereira, Jorge Florêncio Ribeiro Neto, Leandro Modé, Leandro Provedel Kunzler, Luciana Alvarenga Machado, Nelson Valencio, Paulo Nassar, Queila Panhotta da Silva, Ricardo Sapiro, Rodrigo Conceição Santos.

Organizador: Paulo Henrique Ferreira

BRAND PUBLISHING NA PRÁTICA

1ª edição

Rio de Janeiro, 2024

Organizador: Paulo Henrique Ferreira

Coordenação e Edição: Andréa Naccarati de Mello
Ilustrações: Caio Oishi e Barões Brand Publishing
Revisão: Felipe Faverani (Robecca & Co.) e Karla Konda (Barões Brand Publishing)
Projeto gráfico e diagramação: Caio Oishi
Capa: Caio Oishi

Dados Internacionais de Catalogação na Publicação (CIP)
(Câmara Brasileira do Livro, SP, Brasil)

Brand publishing na prática / organização Paulo
Henrique Ferreira ; prefácio por Andrew
McLuhan. -- 1. ed. -- Rio de Janeiro :
Robecca & Co. Editora, 2024.

Vários autores.
Bibliografia.
ISBN 978-65-993938-9-1

1. Comunicação empresarial 2. Gestão de negócios
3. Marcas comerciais 4. Marcas de produtos -
Marketing 5. Marketing digital 6. Mercado digital
7. Mídias digitais I. Ferreira, Paulo Henrique.
II. McLuhan, Andrew.

24-221719 CDD-658.827

Índices para catálogo sistemático:
1. Marcas : Marketing : Administração de empresas
658.827

Aline Graziele Benitez - Bibliotecária - CRB-1/3129

"Numa cultura como a nossa, há muito acostumada a dividir e estilhaçar todas as coisas como meio de controlá-las, não deixa, às vezes, de ser um tanto chocante lembrar que, para efeitos práticos e operacionais, o meio é a mensagem."

Marshall McLuhan, em "Os meios de comunicação como extensões do homem" (Understanding Media), 1964. Editora Cultrix.

agradecimentos

Como organizador de uma obra coletiva, quero agradecer às autoras, aos autores e aos prefaciantes que toparam este desafio editorial. Somos uma geração pioneira no *brand publishing* digital no Brasil. Com consistência, temos conseguido mudar o eixo da comunicação de marcas: da linguagem persuasiva do século XX para o serviço de informação editorial – uma demanda da sociedade do século XXI.

Agradeço todas as empresas e referências citadas. Em especial, muito obrigado às marcas que são clientes da Barões Brand Publishing. Tivemos a competência e a sorte de construir um portfólio que fala por si, composto por organizações líderes em seus setores. Grupos que acreditam no trabalho consistente, na responsabilidade midiática e na comunicação editorial proprietária, em nível profissional.

Por fim, agradeço aos times da Barões, da editora Robecca, à minha querida família e à comunidade de amigas e amigos, sempre presentes nessa caminhada pessoal e profissional. Em memória de nossa mãe e nosso pai, agradeço a meu irmão, Paulo Renato, sua esposa, Laura, e meu sobrinho, Daniel. Por fim, muito obrigado à minha amada esposa, Márcia, e aos nossos filhos, Pedro e Eduardo, frutos maravilhosos de uma vida abençoada pelo amor.

PH Ferreira,
Sócio-fundador e Diretor-executivo da Barões Brand Publishing.

sumário

prefácio

O nosso momento é interessante para a comunicação entre empresas e pessoas; para comunicação entre empresas. Como disse Paulo Henrique Ferreira, "toda marca deve ser um *think tank* para o seu público", e esta é uma mudança na forma como pensamos o papel de uma marca ou empresa em relação ao público delas.

Tradicionalmente, os canais que uma marca tinha de usar para atingir um público eram unilaterais e restritivos. Eles tinham de publicar um anúncio impresso, em áudio ou vídeo e, a partir disso, alcançar muitas pessoas. Mas havia poucas oportunidades de *feedback* direto e envolvimento do público, por isso era difícil estabelecer uma conexão.

Hoje, isso mudou – e está mudando de novo rapidamente.

Um grande desafio agora não é alcançar as pessoas, mas sim envolvê-las.

À medida que fica cada vez mais fácil para qualquer pessoa alcançar alguém, a dificuldade está em fazer com que sua voz se destaque entre as demais. Prender a atenção. É difícil para uma empresa envolver as pessoas porque elas não querem mais apenas que falem delas; elas querem estar envolvidas em uma comunidade, em uma conversa.

Um aspecto principal da época em que vivemos é que, à medida que as pessoas têm cada vez mais capacidade para se envolver e participar, têm cada vez mais vontade de se envolver e participar.

Você pode chegar às pessoas, milhões de pessoas, facilmente, patrocinando anúncios nas redes sociais. Mas você está alcançando-as? Fazendo uma conexão? Eu não acho.

Acho que elas estão os vendo como um *outdoor* enquanto dirigem: estão os ignorando. Mas quando você fornece um lugar, quando você fornece um espaço para elas se envolverem, você as investe – e quando as pessoas são investidas, as pessoas querem se envolver.

Não precisa necessariamente ser tão mercenário quanto os funis de vendas, realizando vendas. As vendas acontecem naturalmente, como um efeito colateral, quando você simplesmente facilita e cria uma comunidade editorial.

O trabalho de Marshall Mcluhan tem muito a dizer sobre isso. Ele disse pela primeira vez que "o meio é uma mensagem" em 1958, e você pode ter uma longa conversa sobre o que isso significa, mas ele explica desta forma:

> *"'O uso de qualquer tipo de meio ou extensão do homem altera os padrões de interdependência entre as pessoas, assim como altera a proporção entre os nossos sentidos."*
> *MCLUHAN, Marshall. Os meios de comunicação como extensões do homem. São Paulo: Editora Cultrix, 1964.*

Em uma carta do mesmo ano, ele disse:

> *"O significado e o efeito de um meio é a soma total de todo o seu impacto sobre a psique e a sociedade."*
> *Carta para Harry Skornia, 6 de julho de 1964.*

A declaração sugere que você preste menos atenção ao conteúdo e na tecnologia que usamos, e preste mais atenção ao que fazemos com a tecnologia e ao efeito que ela tem nas pessoas. Não porque o conteúdo não importe ou não tenha efeito, mas porque não é onde acontece a maior parte da mudança individual e social. Essa mudança acontece como resultado do novo ambiente ("meio") criado por uma nova tecnologia.

Um dos principais efeitos das tecnologias modernas desde a invenção da eletricidade tem sido a mudança do consumidor de muito passivo para muito ativo.

A publicidade e todas as outras formas de envolvimento do usuário também tiveram que seguir o molde. Em vez de apenas publicar um único anúncio impresso numa revista de jornal, agora as pessoas querem ser mais ativas, e é por isso que penso no que PH disse, que 'toda marca deve ser um *think tank* para o público'. Um baixo nível de envolvimento já não é suficiente. Já não basta apenas anunciar ou apresentar seu produto ou serviço ao público. O público quer mais do que isso, e a publicidade tradicional não consegue entregar por si só.

'O meio é a mensagem' fala mais sobre a forma e não sobre o conteúdo. Isso não significa que o conteúdo não tenha valor! Na verdade, o conteúdo é extremamente importante e o foi para Marshall McLuhan.

Marshall McLuhan foi, durante toda a sua carreira, professor de inglês e amante da literatura e da poesia. O conteúdo significava muito para ele. Foi o seu amor pelo conteúdo, o seu amor pela poesia e pela literatura, que esteve por trás do seu desejo de compreender a estrutura e a forma. Ele não queria perder a beleza da poesia, a beleza da literatura.

Muito se perde na nossa pressa de mudar de forma tão rapidamente; perde-se na transição e na tradução.

McLuhan apoiou-se fortemente em outros autores e pensadores para formar sua abordagem sobre o estudo da mídia; e uma coisa que ele diz sobre o conteúdo, ele obteve de T.S. Eliot. Eliot disse que o principal uso do significado em um poema é distrair o público; que aquele é como o "suculento pedaço de carne carregado pelo ladrão para distrair o cão de guarda da mente".

E Marshall reaproveitou esta citação em "Os meios de comunicação como extensões do homem" em 1964, quando disse que o conteúdo é o suculento pedaço de carne usado pelo ladrão para distrair o cão de guarda da mente. O conteúdo é uma espécie de mecanismo de entrega, é o que nos mantém engajados e ocupados, enquanto a forma, a tecnologia, a técnica, o ambiente nos remodelam e remodelam a sociedade ao nosso redor. Estamos agora dispostos a querer estar mais envolvidos e vivemos numa sociedade onde, por meio das nossas tecnologias, é possível um maior envolvimento. Quando as coisas se tornam possíveis, rapidamente se tornam desejáveis, até mesmo obrigatórias: e se as marcas, se as empresas quiserem permanecer relevantes, também terão de mudar.

A boa notícia é que nunca foi tão fácil fazer isso.

No passado, quando uma marca queria anunciar, tinha que ir a uma revista, jornal ou rede de televisão e adquirir tempo ou espaço para a sua publicidade. Mas esse não é mais o caso. Agora as marcas podem construir um espaço próprio e tornarem-se uma autoridade e um lugar para as pessoas realmente procurarem e no qual se envolverem, e sabemos que quanto mais nos envolvemos, mais investimos. A identidade de uma marca torna-se parte da nossa identidade e cria um novo tipo de significado para as nossas vidas, de uma forma significativa que os modelos antigos simplesmente não conseguiam alcançar – porque é a coisa mais fácil do mundo mudar de canal ou pular o anúncio ou virar a página.

Outra coisa é fornecer um espaço no qual as pessoas queiram se envolver, do qual queiram fazer parte, queiram construir uma espécie de equidade, fornecendo seu conteúdo, conhecendo pessoas e vendo seus amigos lá.

Há uma reversão realmente interessante na introdução da publicação de marca ou da mídia própria em relação aos modelos mais antigos. Deixa de ser uma estrutura tradicionalmente unidirecional e passa a ser multidirecional, eliminando muitas outras antigas barreiras entre marcas e consumidores. Em vez de terceirizar essas coisas, você se torna a plataforma e o princípio organizador. É uma ideia muito mais atraente e acho natural hoje que, em vez de tentar empurrar seus produtos por meio de publicidade, as pessoas estão vindo até você e procurando você.

Os consumidores tornam-se comunidades.

Quando se trata de comunicação e vendas, esta parece ser uma posição muito mais poderosa, embora mais difícil. É um estranho mundo novo. É fácil cometer erros. As empresas que são naturalmente cautelosas e avessas ao risco hesitam em intervir. No entanto, existe um risco muito maior de não se mover quando o mundo está em movimento, e não é preciso fazer isso sozinho. Existem pessoas, como o PH, e uma empresa, como a Barões, capazes de ajudar a orientá-lo no processo de ajudar as pessoas a descobrirem a sua marca, e a descobrirem-se, de novas formas.

Andrew McLuhan,
The McLuhan Institute.

introdução

Uma rápida introdução ao "Brand Publishing na Prática"

Já escrevi e continuo escrevendo muito sobre *brand publishing*, portanto, serei breve nesta introdução. Até porque meu livro "Brand Publishing e Transição Midiática" está disponível para venda, em versões impressa e digital.

Lançada em 2023, essa primeira obra traz uma análise sobre o processo de transição midiática em nossos tempos, sob a perspectiva da mídia editorial. O livro também apresenta 18 *cases* bem aplicados de *brand publishing* e a explicação completa da metodologia da Barões Brand Publishing.

O livro "Brand Publishing e Transição Midiática" trata ainda sobre o protagonismo da comunicação editorial proprietária nos negócios e o posicionamento das marcas – bem como a relação do *brand publishing* com o jornalismo setorial. Tudo com muitos dados, excelentes fontes entrevistadas, referências, provocações e uma certa ironia fina.

Já deste novo livro que você tem em mãos, o "Brand Publishing na Prática", também publicado pela editora Robecca & Co., tenho a honra e o imenso prazer de ser o organizador.

Um timaço de autoras e autores assina os capítulos deste livro. Dezoito líderes, com trajetórias profissionais e acadêmicas bem-sucedidas, trazem análises, *cases* e informações inéditas, a partir das próprias experiências em organizações relevantes, de diferentes setores. Do *Business-to-Consumer* (*B2C*) ao *Business-to-Business* (*B2B*) – no final, somos todos *Business-to-People* (*B2P*).

Este livro consolida as reflexões de uma geração pioneira em *brand publishing* on-line no Brasil, que colocou o país na vanguarda da comunicação editorial contemporânea. Como você vai ler, a indústria brasileira já tem casos notáveis, de grandes marcas exercendo liderança editorial em seus segmentos, com consistência e profissionalismo aplicados ao trabalho de mídia proprietária.

Por ser uma obra coletiva, com capítulos escritos por profissionais de diferentes atuações e setores, o "Brand Publishing na Prática" funciona bem para diferentes níveis de leitura: de gestores experientes a profissionais iniciantes; de acadêmicos a profissionais das escolas de comunicação, marketing, gestão, tecnologia e negócios.

Sendo assim, para facilitar a condução da leitura, explico brevemente abaixo, em poucos parágrafos, a estrutura do livro que você tem em mãos.

O "Brand Publishing na Prática" começa muito bem, com o luxuoso prefácio de Andrew McLuhan, fundador e diretor do "The McLuhan Institute" (TMI). Andrew é neto e filho dos midiólogos canadenses Marshall McLuhan e Eric McLuhan. Através do "TMI", Andrew continua o legado de sua família, à frente de uma instituição midiológica de referência em âmbito global. Para mim, está bem claro que Marshall McLuhan é um dos grandes filósofos de todos os tempos. Capturou com precisão e perenidade o impacto do meio e da mensagem na transformação da consciência e da história humanas.

Devidamente inspirados, os autores do livro apresentam suas análises em quatro grandes partes, divididas em capítulos. A primeira parte tem ênfase na abordagem estratégica, com visões, modelos, experiências e subsídios empiricamente fundamentados. Um prato cheio de referências para interlocução com as lideranças e os *stakeholders* das marcas.

A segunda parte do livro é sobre a camada de gestão dos processos do *brand publishing*. Trata sobre governança e integração multidisciplinar à altura da excelência demandada pelo ambiente técnico-cultural-regulatório da comunicação das marcas. A capacidade de interlocução com as demais áreas da organização é condição *sine qua non* para a operação de um ativo de *brand publishing* de alta performance em todas as camadas de operação: editorial, técnica, de construção de audiência e de tratamento de dados primários.

A terceira parte trata da implementação e da operação de plataforma, conteúdo, distribuição e dados. Ou seja, essa seção serve como um guia tanto prático quanto filosófico, com os principais pontos de reflexão e atenção indispensáveis para implementar e operar um ativo de *brand publishing* com inteligência e eficiência. Para operar um ativo editorial bem-sucedido, todos os esforços de plataforma, de conteúdo, de distribuição (ou seja: construção de audiência e tratamento de dados) precisam estar muito bem coordenados. As agendas e objetivos devem ser inerentes à prática da disciplina tema deste livro. Afinal, o meio é a mensagem.

A quarta parte finaliza o livro com casos de sucesso na prática, a saber: *hubs* de conteúdo proprietário já implementados e em operação, frutos do processo de trabalho bem fundamentado e bem articulado, que combinam os elementos estratégicos, táticos e operacionais tratados nos capítulos anteriores.

Essa última parte, ao meu ver, encerra o livro com chave de ouro. Mostra, na prática, como se dá a integração dos ativos de *brand publishing* aos negócios e ao posicionamento de companhias de setores e culturas distintas.

Como você vai perceber no decorrer do livro como um todo, cada capítulo tem uma ênfase e contribui para o encadeamento lógico: da estratégia e gestão à operação de um ativo de *brand publishing* como uma propriedade intelectual das marcas.

Agradeço a cada autora e autor que aceitou este desafio editorial. Esta obra vai entregar para a indústria da comunicação e da mídia um precioso registro sobre os principais aspectos para a implantação da disciplina de *brand publishing* nas organizações. O que mais me orgulha neste livro é o fato dele ser fruto de um esforço coordenado por uma geração pioneira em *brand publishing* no Brasil do século XXI. Um time de *brand publishers* que tem construído engajamento real, através da audiência editorial, bem como resultados notáveis e sustentáveis para marcas relevantes, de diferentes segmentos. Estes profissionais, que você terá o prazer de ler nos capítulos a seguir, têm cumprido um papel essencial: têm aprimorado o processo de comunicação editorial na sociedade contemporânea, que por sua vez demanda autenticidade, consistência e responsabilidade das organizações.

Concluída a introdução, volto às próximas páginas na aconchegante função de leitor. Boa leitura para nós!

PH Ferreira,

Sócio-fundador e Diretor-executivo da Barões Brand Publishing.

parte 1

ESTRATÉGIA E FUNDAMENTOS

capítulo 1

Tudo se encaixa como num quebra-cabeça

Leandro Provedel Kunzler

Uma das diversões que temos em família é a montagem de quebra-cabeças. Cada um tem seu estilo por aqui. A minha maneira é montar toda a borda do *puzzle* e ir completando-o em direção ao meio da imagem. Dessa forma, a peça que falta é, quase sempre, a central. A relação do *Brand Publishing* com a estratégia de comunicação da ENGIE é semelhante. O *hub* proprietário de conteúdo sobre transição energética era a peça que faltava no quebra-cabeça das iniciativas de *branding* da empresa.

O ano era 2020. Num mundo pós-pandemia, parece outra era. Vínhamos, há pouco mais de três anos, intensificando a comunicação institucional da ENGIE no Brasil com o objetivo de fortalecer a marca para as mudanças no mercado de energia, a fim de posicionar a empresa como líder da transição energética. Para isso, em setembro de 2017, havíamos inaugurado nossos primeiros perfis nas redes sociais, estávamos reestruturando nosso *website* e aperfeiçoando nossa atuação junto à imprensa. Em 2019, lançamos nossa – até então – maior campanha publicitária, levando para a TV a história de como ENGIE e L'Oréal trabalhavam juntas para mudar o mundo por meio da compra de energia renovável certificada. Em 2020, lançamos *podcast* e *videocast*. Mas ainda faltava algo. Na minha visão, precisávamos de uma iniciativa que conectasse as demais, que fosse mais claramente ligada à transição energética e que nos posicionasse à frente da concorrência. Era a tal peça central do meu quebra-cabeça.

Foi então que fui apresentado à Barões Brand Publishing. Aqui volto a falar de família, pois foi minha esposa, uma profissional de marketing e comunicação, que insistiu na minha leitura de uma *newsletter* que ela havia recebido. Fiquei intrigado com o que li e encontrei ali a peça que buscava. Durante alguns meses, dedicamos tempo dos times da Barões e da ENGIE para planejar e construir nosso *hub*, o "Além da Energia". O objetivo do projeto era posicionar a ENGIE como líder editorial na cobertura jornalística da transição energética, conectando o objetivo empresarial a uma entrega importante de comunicação.

Tudo o que havíamos feito até então foi essencial para podermos nos tornar uma *Brand Publisher*. Ao longo dos anos, a ENGIE construiu uma reputação sólida no setor elétrico brasileiro, fruto de mais de 25 anos de investimentos e presença no mercado nacional. Essa posição empresarial nos forneceu a autoridade de marca necessária para que a ENGIE pudesse adotar o *Brand Publishing* como parte de sua estratégia de comunicação corporativa.

Para sermos esse líder editorial sobre transição energética, contribuindo com todo o setor e honrando nossa autoridade de marca, precisávamos de uma estratégia clara de conteúdo, assertividade em relação à distribuição e, acima de tudo, coerência e consistência. A equação que usamos em todas as nossas ações de comunicação é simples assim: Coerência + Consistência = Relevância. A Coerência foi assegurada por meio da definição clara das verticais editoriais do *hub*, limitando os temas àqueles mais ligados à transição energética e aos assuntos correlatos. A Consistência foi garantida a partir da produção de, em média,

40 conteúdos por mês, distribuídos de forma orgânica e impulsionada, e debatidos em alto nível no Conselho Editorial do "Além da Energia".

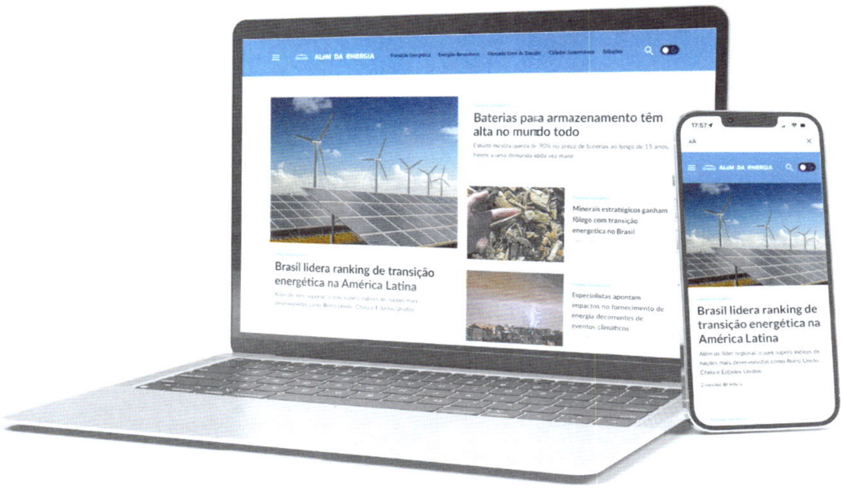

Fonte: https://alemdaenergia.engie.com.br

O resultado foi a Relevância, demonstrada já nos primeiros 12 meses de vida do projeto, quando atingimos a marca de 1 milhão de usuários únicos. No momento em que escrevo este capítulo, ultrapassamos os 4,5 milhões e seguimos firmes para atingir a meta de 6 milhões em 2024. Já são mais de 1.400 conteúdos publicados entre matérias, entrevistas, *web stories* e artigos, lidos por usuários espalhados por todo o Brasil, numa faixa etária que se concentra entre 18 e 44 anos, com audiência majoritariamente feminina. Aliás, essa é uma conquista da qual muito nos orgulhamos, por também estar vinculada a um objetivo estratégico da ENGIE: a equidade de gênero.

Cabe aqui discorrer um pouco mais sobre o que planejamos e executamos no "Além da Energia" para equilibrarmos a participação de mulheres e homens em nossa audiência. No início do projeto, cerca de 2/3 dos usuários eram homens, o que era o esperado, em função da temática do *hub* e do perfil do setor elétrico. Porém, tudo começou a mudar em março de 2021, quando a audiência se equiparou 50/50, e vem se mantendo assim desde então. Não foi obra do acaso. Foi resultado de uma série de publicações, desde novembro do ano anterior, contando as histórias de mulheres da ENGIE, que falaram sobre suas carreiras, desafios e oportunidades. A consistência foi buscada com a publicação de quase 40 matérias sobre a presença feminina em carreiras técnicas ligadas à energia, com destaque para 19 entrevistas com colaboradoras da ENGIE. O "Além da Energia" construiu audiência ao longo de seis meses, antes de lançarmos uma campanha publicitária institucional na TV para celebrar o mês das mulheres, em março de 2021. Assim, não fizemos apenas um *flight* isolado naquele mês, mas construímos uma base sólida de novas leitoras. Para mantermos a média 50/50 depois de março de 2021, mantivemos a consistência na produção de matérias, entrevistas e artigos ouvindo mulheres, oferecendo a elas um canal cada vez mais relevante para contarem suas histórias. Se, diante de um tema do setor, temos um porta-voz homem e uma porta-voz mulher, buscamos sempre ouvir ambos, ampliando a participação feminina no *hub*.

Outro papel relevante que o "Além da Energia" desempenha é o de ser o principal meio para que a ENGIE atue no que chamamos de "Diplomacia Editorial". Tendo por base lideranças e pessoas de renome com as quais os executivos e executivas da ENGIE se relacionam, convidamos essas pessoas a serem entrevistadas pela redação do *hub*. Essa estratégia foi bastante exitosa no sentido de dar tração ao projeto perante formadores de opinião do setor elétrico e de energia. Com a maturidade e o alcance obtidos com essa estratégia, desenvolvemos a "Diplomacia Comercial", pela qual o "Além da Energia" é um espaço com audiência qualificada, oferecido a clientes e *prospects* da ENGIE. No *hub*, eles podem falar com maior profundidade sobre a jornada de descarbonização e de transição energética de suas empresas, setores e indústrias.

Ser a peça central de uma estratégia de comunicação significa ser crucial na integração de outras iniciativas. Três delas foram planejadas desde antes do lançamento do *hub*. A primeira era a integração com as redes sociais da ENGIE. Com o "Além da Energia", ganhamos pautas diárias para preencher nosso calendário de publicações. Desde abril de 2020, além de *posts* corporativos, de ofertas comerciais de nossas empresas operacionais e de datas celebrativas, as redes sociais da ENGIE passaram a levar conteúdo do "Além da Energia" em forma de *post*. E, obviamente, não apenas *posts* da ENGIE, mas de clientes e de notícias publicadas no *hub*. Um dos resultados mais icônicos dessa estratégia, para além do crescimento de seguidores e de engajamento, foi a redução do custo por clique, em especial no LinkedIn, dado que é uma plataforma que performa melhor com conteúdos relevantes e de cunho informativo. O mesmo ocorreu com a plataforma X (Twitter), que foi 100% dedicada à distribuição de *posts* com notícias do *hub*.

A segunda integração foi do *hub* com os *blogs* então existentes. Um *publisher* e um *blogger* são bem diferentes, em especial em relação à constância e ao volume de publicações. Logo nos primeiros meses de projeto ficou claro que o *hub* possuía audiência maior e mais qualificada que os *blogs* de ofertas comerciais da ENGIE. A migração, planejada na fase de projeto para ocorrer apenas no segundo ano, foi feita antes que 2020 terminasse, demonstrando que o *hub* podia e conseguia contribuir diretamente com as áreas de negócios da ENGIE.

Outra frente integrada foi a de imprensa. Quantas vezes uma assessoria passa o maior trabalho para conseguir uma nota num veículo da mídia tradicional? Assessoria de imprensa é e seguirá sendo fundamental para qualquer empresa, mas o *hub* consegue contribuir com a distribuição de *press releases*. Funciona da seguinte maneira: depois de enviado aos jornalistas e, após sair na mídia, o *press release* da ENGIE é publicado como notícia no "Além da Energia". Como controlamos a distribuição, podemos levar esse conteúdo a mais públicos, complementando o resultado da assessoria de imprensa. E, com nossos mais de 4 milhões de usuários, somos um veículo relevante, especialmente em meio aos *publishers* que cobrem o setor elétrico.

Lembra-se de eu ter mencionado que a ENGIE possui um *podcast* e um *videocast*? O *videocast* foi descontinuado em 2023, sendo utilizado apenas em ocasiões muito especiais. Já o *podcast* segue firme, produzindo e publicando, a cada 15 dias, um novo episódio, sempre com uma entrevistada ou entrevistado externo e uma fonte da ENGIE. Por se tratar de uma ação de conteúdo, decidimos que tanto o *podcast* quanto o *videocast* se chamariam "Além da Energia", numa ousada estratégia de marca que colocou em primeiro plano o nome do portal de conteúdo e não a marca da ENGIE.

Com o avanço do projeto, a experiência adquirida e, principalmente, a relevância da audiência, o "Além da Energia" passou a buscar se tornar um *media partner* de eventos do setor. O primeiro evento foi uma maratona sobre PLD (Preço de Liquidação da Diferença) Horário, que é o preço *spot* de energia no mercado livre. Com a iminente mudança regulatória, o "Além da Energia" liderou esse esforço da ENGIE, realizou *lives* com convidados e convidadas especiais da empresa e do setor, e publicou uma série de matérias. O resultado foi o que havia sido proposto: *snippet position* no Google para a palavra-chave PLD Horário. Na sequência, vieram eventos do setor, cobertos presencialmente pela redação do "Além da Energia", ou seja, pelos jornalistas da Barões. Um dos pontos altos dessas coberturas foi o ENGIE Day, realizado em 2023, pois possibilitou que matérias sobre todos os painéis fossem redigidas, aprovadas e publicadas no menor tempo possível. Aqui, é importante salientar que o "Além da Energia" não é um canal de *hard news*. Escrevemos e publicamos o que chamamos de *strong news*. Ou seja, nosso compromisso é com matérias perenes sobre o tema e não com a pressa em publicar. Afinal, para publicar *on time* existem outros portais jornalísticos e, no caso de necessidade da ENGIE, as redes sociais cumprem esse papel mais imediatista.

Esse princípio se aplica também para coberturas especiais. A principal delas no calendário do "Além da Energia" é a COP. Tema de extrema relevância para o entendimento do que está em jogo com as mudanças climáticas, as edições da COP recebem cobertura especial do *hub*. Meses antes do evento, a redação, em conjunto com a ENGIE, define a estratégia de cobertura, os temas e subtemas mais importantes e debatem as fontes a serem ouvidas, além das fontes a serem curadas. Nas duas últimas edições da COP, o "Além da Energia" pôde contar com a contribuição de colaboradores da ENGIE que estavam nos eventos, e que relataram o que ouviram, de que participaram no dia e passaram a visão ENGIE das discussões. Sem dúvida, somente sendo um *publisher* para poder capturar esse tipo de oportunidade e entregá-la à nossa audiência. A cobertura da COP é sempre um momento especial por dois motivos: é o ápice de usuários únicos no ano, puxando para cima a média mensal de leitores, e possibilitando que as engrenagens de *SEO* mostrem as matérias do "Além da Energia" em primeiro lugar quando se pesquisa o termo COP – o que, sem dúvida, é um ativo de comunicação importante para a liderança editorial da transição energética.

Por tudo o que o "Além da Energia" já alcançou, por tudo que já publicou e distribuiu e pelo caráter informativo com a chancela da ENGIE, o *hub* passou a ter outro papel nobre, o de ajudar as pessoas a se educarem em relação à transição energética, às energias renováveis, à sustentabilidade e ao desenvolvimento econômico justo. Esse letramento é necessário para que as conversas sobre esses temas conduzam empresas e cidades a fazerem sua jornada de descarbonização, a sua transição energética justa. E, literalmente, o "Além da Energia" vai ajudar jovens brasileiros a se educarem sobre alguns de seus temas:

mais de uma vez editoras de livros didáticos procuraram o "Além da Energia" para que matérias publicadas no *hub* integrassem tais livros. Para contribuir ainda mais com o entendimento a respeito da transição energética, em meados de 2023 foi lançado um glossário com quase uma centena de verbetes, a fim de tornar mais fácil o acesso a conceitos, siglas, nomenclaturas e tudo que se relaciona com o *core* do *hub*. Esse glossário é um elemento "vivo" do "Além da Energia", sendo atualizado e ampliado com o apoio das áreas técnicas da ENGIE e a partir de novos materiais disponibilizados na *web*.

Após essas páginas discorrendo sobre o "Além da Energia", pode parecer simples se tornar um *publisher*. No caso da ENGIE é, de certa forma, simples, pois a alta direção está envolvida com o projeto e o apoia fortemente. Além disso, o fato de na ENGIE termos processos bem estruturados e planejados nos fornece a vantagem de já atuarmos com uma lógica que não é de campanha, mas de consistência e constância. Por fim, facilita muito o processo construído pela Barões, com *checkpoints* semanais e reuniões trimestrais do Conselho Editorial, que é uma poderosa ferramenta de engajamento interno e de suporte ao desenvolvimento do projeto. Por isso, indicamos planejar cuidadosamente a composição do Conselho para que esse órgão atue de forma a dar um caráter ainda mais estratégico ao *hub*.

Por fim, tem algo que para mim é simples de entender, mas que, cada vez que falo sobre o "Além da Energia" para diferentes plateias, ainda parece complicado de as pessoas entenderem: o "Além da Energia" é da ENGIE, integra a estratégia de negócios e de comunicação da ENGIE, mas não é sobre a ENGIE. O fato de não ser sobre nós é confirmado pelo volume de matérias a respeito da companhia e suas notícias, que não chega a 15% do total de matérias publicadas no *hub*. Não ser autorreferencial e investir recursos em algo que não vai falar de você parece contraintuitivo. E de fato é, ao menos, para quem ainda não entendeu que estamos em meio a uma transição midiática. "Jogar confete na própria cabeça" falando bem de si cabia no século passado. Reputação, atualmente, se constrói de outras formas. Na era do escrutínio, não basta dizer. É preciso provar. Não basta prestar bem o seu serviço, é preciso contribuir de forma mais ampla com a sociedade. E é nesse ponto que o "Além da Energia" mostra seu pioneirismo ao prestar serviço à indústria, ao setor de energias renováveis, ajudando a audiência a diferenciar o que é coerente, consistente e, consequentemente, relevante, daquilo que é conteúdo caça-clique, pouco informativo ou que apela para o catastrofismo ao abordar as mudanças climáticas. Quiçá outros setores encontrem marcas com autoridade para também se tornarem *publishers*, contribuindo para um novo jornalismo empresarial, relevante e necessário.

capítulo 2

Uma nova avenida de trabalho na comunicação contemporânea

Leandro Modé

Em dezembro de 1989, a edição de um debate eleitoral no Jornal Nacional, da TV Globo, foi criticada por supostamente eleger Fernando Collor de Mello, do extinto Partido da Reconstrução Nacional (PRN), presidente da República.

Collor e seu adversário na ocasião, o petista Luiz Inácio Lula da Silva, estavam na reta final do segundo turno daquela emblemática eleição, a primeira presidencial pós-redemocratização do Brasil.

Desde o fim do primeiro turno, realizado em 15 de novembro, as pesquisas mostravam Collor à frente de Lula. Mas, na reta final, o petista cresceu e encurtou a distância. Mantidas as curvas, eles deveriam chegar ao domingo da eleição, 17 de dezembro, empatados.

No meio do caminho, porém, haveria um evento que tinha tudo para ser decisivo – como, de fato, foi. Na noite de 14 de dezembro, os dois candidatos ficariam frente a frente em um debate promovido por um *pool* de emissoras de televisão (Globo, Manchete, Bandeirantes e SBT).

Terminado o duro embate – a ponto de os dois não se cumprimentarem nem no início nem no final do programa –, a maioria dos analistas políticos e as pesquisas de opinião realizadas com eleitores apontaram que Collor saiu vitorioso.

No entanto, uma narrativa lançada na ocasião pelo PT, que acabou perenizada como verdade, dizia que Collor ganhou a eleição não pelo seu desempenho no evento, mas por ter sido favorecido pela edição que a TV Globo fez sobre o debate para o Jornal Nacional da sexta-feira, 15 de dezembro.

Vale registrar que pesquisadores de prestigiadas universidades concluíram que quem viu a reportagem sobre o debate no Jornal Nacional votou mesmo mais em Collor do que em Lula. Além disso, a própria Globo fez uma autocrítica sobre a edição, que a levou a abandonar a prática de veicular matérias jornalísticas sobre debates eleitorais.

"A emissora adota como norma não editar debates políticos; eles devem ser vistos na íntegra e ao vivo", afirma um texto da Globo publicado no site 'Memória Globo', sob a aba 'Erros'. Segundo a Globo, "sempre haverá a possibilidade de um dos candidatos questionar a escolha dos trechos e se sentir prejudicado".

Avancemos para a década de 2020. A cobertura da imprensa sobre o governo de Jair Bolsonaro (eleito pelo PSL e, mais tarde, filiado ao PL) entre 2019 e 2022, em especial no contexto da pandemia de Covid-19, foi amplamente negativa.

As ações do governo e as declarações polêmicas de Bolsonaro (e aqui não se tem o objetivo de fazer juízo de valor a respeito) foram alvo de duras críticas, tanto da TV Globo quanto da maior parte da mídia considerada tradicional.

Se os 6 minutos e 25 segundos da reportagem sobre o debate Collor x Lula em um único veículo de comunicação foram, para muitos, suficientes para mudar o destino daquela eleição em 1989, o que se poderia esperar de milhares de horas de ataques a Bolsonaro na imprensa em geral, incluindo, claro, a Rede Globo e seu campeão de audiência, o Jornal Nacional?

Pela lógica de 1989, ele seria dizimado em uma eventual tentativa de reeleição, se é que chegaria a tanto, pois poderia sofrer um processo de *impeachment* em meio ao bombardeio do noticiário.

Pois Bolsonaro não só resistiu à cobertura da mídia como foi um candidato muito competitivo na eleição de 2022. Perdeu o segundo turno para Lula por menos de dois pontos percentuais – 50,9% x 49,1%.

Um novo ambiente

Este, obviamente, não é um livro para tratar de política, mas de comunicação. O exemplo acima é para mostrar como, em relativamente pouco tempo, a mídia tradicional perdeu parte relevante da capacidade de influenciar as pessoas.

No Brasil, diga-se de passagem, nenhuma instituição representa tão bem a mídia tradicional como o Grupo Globo, líder em audiência em praticamente todas as plataformas – rádio, TV, jornal, revista e internet.

Muitos ainda não perceberam ou não querem perceber, mas o cenário da comunicação mudou drasticamente. A grande imprensa – e também a publicidade – não tem a mesma força de antes. Nesse contexto, novas avenidas de comunicação vêm se abrindo.

Uma delas é o *brand publishing*, ou seja, iniciativas de cunho editorial capitaneadas por marcas, objeto deste livro organizado pelo 'papa' do assunto no Brasil, Paulo Henrique Ferreira.

Antes de seguir, vale um parênteses. Tudo isso não significa que a mídia tenha "acabado", como muitos radicais têm apregoado, nem que a publicidade tenha se tornado dispensável. Apenas revela que há um novo equilíbrio nesse sistema (que será tratado mais à frente).

Diversas pesquisas mostram que as marcas têm atualmente mais credibilidade junto ao grande público do que os veículos de comunicação. Um dos levantamentos mais tradicionais que abordam esse tema é o Trust Barometer, lançado pela agência de relações públicas americana Edelman no ano 2000.

Abaixo, alguns dos resultados da edição de 2023 relativos ao Brasil:

- 64% das pessoas confiam nas empresas. Na régua estabelecida pela Edelman, um percentual acima de 60% indica confiança;
- 46% das pessoas disseram confiar na mídia. Pelos critérios da Edelman, qualquer número abaixo de 49% indica desconfiança;
- Para 43%, a mídia é fonte de informações falsas ou enganosas, enquanto outros 40% a consideram confiável;
- Jornalistas são menos confiáveis (47%) do que *CEOs* de empresas (48%).

Apenas como comparação, nos Estados Unidos, o fenômeno se repete: 55% dos americanos confiam nas empresas (nível que, na régua da Edelman, indica neutralidade) e apenas 43% confiam na mídia (desconfiança). Mesmo na Alemanha, que não vive a polarização política na mesma temperatura de Brasil e Estados Unidos, a situação é semelhante: 50% (empresas) a 47% (mídia).

Parece evidente que, nesse ambiente, há espaço para que marcas se comuniquem diretamente com seus *stakeholders* prioritários, sem a intermediação da mídia tradicional. Não à toa, tantas iniciativas vêm surgindo no Brasil e em outros mercados. Algumas muito bem-sucedidas, outras nem tanto.

Um dos pontos-chave para um bom projeto de *brand publishing* é não confundi-lo com propaganda. Outro é definir bem o seu objetivo: construir reputação ou gerar lides por meio do uso de dados de navegação.

Também é fundamental definir uma linha editorial que "converse" minimamente com o posicionamento da marca. Por fim, é preciso entender que não se trata apenas de conteúdo, mas de *publishing* no sentido mais amplo, o que envolve plataforma, gestão de dados, mensuração, governança forte e constantes ajustes com base no comportamento da audiência. Vale a pena explorar um pouco mais esses pontos.

Clareza e disciplina

Altos executivos de empresas são bem preparados. Mesmo que não conheçam a fundo comunicação, percebem intuitivamente as tendências do mercado. Nesse contexto, já há um entendimento de que a comunicação persuasiva perdeu espaço.

Por isso, projetos de cunho editorial vêm ganhando força em diferentes áreas de grandes empresas. A criação de *blogs*, sites, *podcasts*, *videocasts* e perfis em redes sociais com linguagem jornalística tem sido frequente. Conteudistas são cada vez mais comuns nas folhas de pagamento dessas companhias, não mais se restringindo aos departamentos de comunicação e marketing.

Embora bem-vindas, muitas dessas iniciativas naufragam porque têm como único foco o conteúdo, e não o *publishing*. Na prática, significa dizer que a área responsável pelo produto não define com clareza seu objetivo, não se atenta para a plataforma em que será construído e, muitas vezes, não sabe nem sequer medir sua audiência. Portanto, em última instância, é impossível defender a existência do projeto.

Uma executiva de comunicação com experiência em grandes corporações costuma dizer que a preocupação da maior parte dos executivos que buscam soluções de cunho editorial é colocar o conteúdo no ar. A vitória é subir o *post* na rede, é criar o *blog* ou o site. O problema dessa visão é que o conteúdo é apenas uma parte da engrenagem – uma parte nevrálgica, claro, mas que, sozinha, nos tempos atuais, é insuficiente para um projeto ser bem-sucedido.

O mundo corporativo está acostumado com a comunicação persuasiva e autorreferente, tudo o que o *brand publishing* não deve ser. Cabe aos comunicadores explicar, da forma mais didática e paciente possível que, para sensibilizar a audiência nos dias atuais, a linguagem deve ser conversacional e o ângulo de abordagem tem de considerar, principalmente, a ótica do público, não apenas a da empresa.

Não é tarefa fácil, porque a tendência dos executivos sem formação em comunicação é repetir o padrão publicitário – falar do produto e da empresa, em vez de tratar da dor do cliente, e de uma forma agressiva e vendedora.

Uma pergunta óbvia, que nem sempre é feita, deve nortear uma iniciativa de *brand publishing* na origem: o que a empresa quer com o projeto? São basicamente duas respostas possíveis. Construir reputação ou gerar vendas/negócios de forma mais assertiva.

O segundo caso vem se tornando cada vez mais frequente, sobretudo no exterior, em razão das mudanças que envolvem a venda de dados de navegação de terceiros. Empresas proprietárias dos navegadores (*browsers*) estão deixando de vender dados de navegação dos usuários para terceiros.

Nesse contexto, se uma marca quer seguir usando informações de navegação para ser mais certeira em suas vendas, deve obtê-los de forma primária. Ou seja, criando produtos de conteúdo em que o usuário concede espontaneamente à empresa o acesso a seus dados de navegação.

No Brasil, quem está mais bem posicionado nesse ecossistema é o setor financeiro, que chegou primeiro ao universo do *publishing*. Importante dizer que a maioria dessas iniciativas não estampa o nome da marca-mãe. Ou seja, não são iniciativas de *brand publishing stricto sensu*. Mas são bons exemplos mesmo assim.

As maiores audiências entre os sites de economia, finanças e mercado financeiro do país são hoje de veículos pertencentes a instituições financeiras: Infomoney (XP), Exame (BTG Pactual), Money Times (BTG Pactual), Investnews (Nubank), Inteligência Financeira (Itaú Unibanco) e O Especialista (Safra).

Em um primeiro momento, a maioria desses sites nasceu com um objetivo bem menos sofisticado que o de abastecer-se de dados de navegação: basicamente, canalizar ao menos uma parte da audiência para gerar negócios/vendas, como abertura de conta corrente, investimento em fundos, negociação de ações ou de títulos de renda fixa.

Mais tarde, tornou-se comum a oferta de produtos educacionais, em especial cursos voltados para ensinar o cliente/usuário a negociar ações e outros ativos no mercado financeiro. Os dados de navegação obtidos por meio dos famosos *cookies* são a nova fronteira. Não é fácil de implementar, mas é possível.

Quando essa máquina estiver azeitada, uma instituição financeira será capaz de saber, em tempo real, que um cliente se tem mostrado muito interessado em reportagens sobre imóveis e, com base nessa informação, abordá-lo imediatamente com uma oferta de crédito imobiliário. O nível de conversão nessa experiência tende a ser superior ao de outras estratégias.

Os projetos que visam à reputação, de modo geral, tratam de temas em que existe uma clara convergência entre o posicionamento de negócio da corporação e o interesse público.

Geradores e distribuidores de energia têm legitimidade para tratar de transição energética, assim como uma montadora pode tranquilamente falar de mobilidade. Além de conhecer o assunto e ter credibilidade junto à população, essas instituições podem aproveitar o vácuo deixado (ou mesmo nunca ocupado) pelas empresas de mídia tradicional, que sabidamente enfrentam desafios em seu modelo de negócio.

Um bolo dividido

Neste admirável mundo novo, a oferta de opções é tamanha que, em vez de ajudar, pode atrapalhar o comunicador em suas estratégias. Dúvidas não faltam. Ainda vale a pena investir em publicidade? Compensa pagar uma fortuna por um anúncio no intervalo de uma telenovela de grande audiência? Faz sentido ter uma equipe de relações com a imprensa ou mesmo contratar uma assessoria de imprensa? Um site de conteúdo proprietário pode substituir a compra de mídia no ambiente digital?

Existe um verbo que responde a todos esses questionamentos: depender. Depende do que se quer, do público que se quer atingir, das metas estabelecidas para a ação, do tipo e do tamanho de empresa que precisa tomar a decisão, do produto que se quer vender etc.

É por isso que a atividade de comunicação embute hoje uma complexidade muito maior do que no passado. Se, de um lado, o leque amplo de opções abre infinitas possibilidades, de outro, traz o desafio de saber equilibrar e ser mais assertivo com a estratégia escolhida.

Em um país com as dimensões continentais e as características socioeconômicas do Brasil, comprar propaganda no intervalo de um programa de TV campeão de audiência pode fazer todo o sentido se o objetivo for apresentar uma novidade importante para a marca e iniciar uma conversa nas redes sociais.

Do mesmo modo, investir em uma iniciativa de *brand publishing* ancorada em um site e turbinada por, digamos, uma plataforma de eventos, pode ser a alternativa perfeita para uma marca que quer ser referência em um tema, sobretudo num mundo em que o conteúdo é a base de qualquer estratégia de comunicação bem-sucedida.

Tal qual os editores responsáveis pela reportagem do Jornal Nacional, que "elegeu" Collor em 1989, os comunicadores da atualidade devem ser editores em um sentido mais amplo, capazes de escolher a solução mais adequada para o problema que se quer resolver. É mais difícil, mas muito mais divertido do que jamais foi.

capítulo 3

Posicionamento como indutor de *branding*, comunicação e *Brand Publishing*

Ricardo Sapiro

É comum, nas disciplinas ligadas à estratégia e à comunicação de marcas, que expressões e jargões se proliferem e, assim, infelizmente, conceitos que são sólidos e ricos acabem se perdendo na banalização e na confusão de significados. As razões pelas quais este fenômeno tem sido tão frequente são várias e até merecem uma dissertação à parte. Mas se pode antecipar que a febre do "*full-service*" – ou "do 360º" –, marcada por agências e consultorias que prometem tudo, incitadas por clientes que buscam a eficiência, a integração e o "*one stop shop*", é um dos grandes vetores deste empobrecimento. E, quando o mercado se comporta desta forma, a academia tende a absorver, cedo ou tarde, estas noções e então perpetuar, desde a formação do profissional, esta nebulosidade.

Este capítulo tem o objetivo de buscar desbanalizar e esclarecer os conceitos de posicionamento, *branding* e comunicação – menos por preciosismo intelectual ou por vaidade de firmar significados em pedra – e muito mais porque a clara definição de como estes elementos se integram é fundamental para que marcas tenham a disciplina que leva ao sucesso.

Para isso, a argumentação central aqui baseia-se na cronologia e na relação causa-efeito. O posicionamento é condição para o *branding*, que é condição para a comunicação. Ou, de outra forma, a comunicação necessita do *branding* e o *branding* necessita do posicionamento. Esta lógica, no entanto, é massivamente desrespeitada na dinâmica de construção de marcas.

Não é raro que grandes investimentos em comunicação, com enorme mobilização de recursos, sejam incorridos em bases muito frágeis de *branding*, o que leva muitas vezes a campanhas que até podem gerar impacto, mas que não se consolidam como fortalecedores do "*brand equity*". Recorda-se da mensagem, ignora-se quem está por trás dela, o que, para não abusar de mais um jargão, impede o tão almejado retorno sobre investimento.

Tampouco é raro que grandiosas jornadas de *branding* se reduzam simplesmente a grandes jornadas estéticas, com cores, formas, texturas, imagens, sons e palavras que impressionam, mas que não estão representando uma ideia fundamentada e fundamental de marca. Obviamente a estética é essencial em como marcas são construídas, mas esta deve estar a serviço de uma estratégia. O *branding* não sustentado em rigor estratégico reflete-se nas famosas e estéreis discussões do tipo "mas não gostei desta fonte", "esta combinação de cores me lembra uma marca de...." ou "este nome tem uma sonoridade esquisita, que me remete a uma personagem...". O que há de comum em todas estas reações? A subjetividade e o ângulo pessoal, que são naturais em qualquer processo de julgamento, mas que assumem um papel desproporcional, pois ocupam o vácuo de objetividade que a falta de estratégia deixou.

Ao que se chega, então, na essencialidade do posicionamento como a base estratégica da cadeia **posicionamento – *branding* – comunicação**. Sem estratégia, o *branding* é simplesmente estética. Sem *branding*, a comunicação é simplesmente criatividade ou mera presença.

Cadeia do trabalho de posicionamento

De uma forma geral, portanto, pode-se situar esta cadeia **posicionamento – *branding* – comunicação** em um eixo que tem o negócio em um extremo e os públicos em outro:

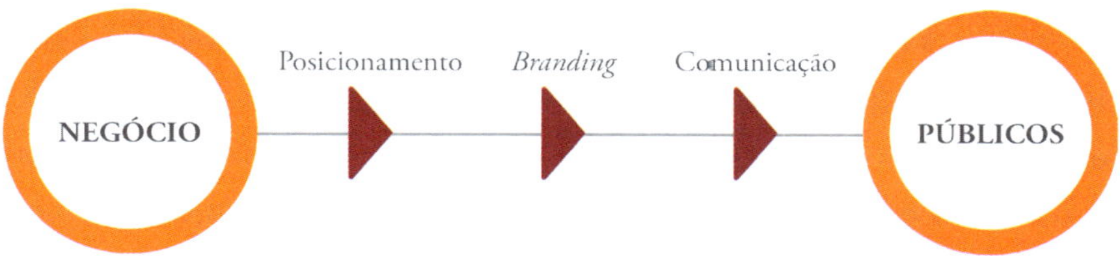

Fonte: Touch Branding

Ou seja, enquanto o posicionamento é uma disciplina mais relacionada ao entendimento do negócio, é a comunicação que se encarrega de atingir o público final. E o *branding* é o guardião desta conexão. O posicionamento não chega ao público final, o que chega é a comunicação que advém dele. Nem o *branding* chega ao público final, pois ele atinge a audiência via a comunicação que o "carrega".

Se o posicionamento é a fundamentação estratégica, o *branding* é sua síntese estética e a comunicação é, por sua vez, a expansão criativa. Esta cronologia tem que ser respeitada pelos líderes das marcas, seja no lado das empresas, seja no das agências. Subvertê-la, supersimplificá-la ou ignorá-la pode ter consequências estruturais na saúde de uma marca.

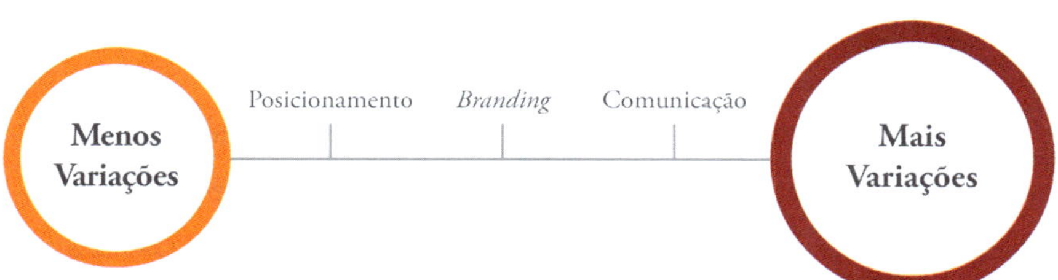

Fonte: Touch Branding

Esta cadeia posicionamento – *branding* – comunicação também pode ser contextualizada em um eixo de "transformações ao longo do tempo":

Ou seja, enquanto um posicionamento deveria ter uma grande longevidade – o empirismo fala em 5 a 10 anos –, o *branding* poderia passar por "*refresh*" em menor intervalo de tempo, mas sem exageros, e a comunicação, por sua vez, seria a disciplina a passar por mais variações ao longo do tempo.

Desta forma, pode-se concluir que a cada mudança de posicionamento é necessária uma nova expressão em *branding* e, consequentemente, em campanhas de comunicação. Mas também se deve salientar que, para um mesmo posicionamento, pode-se desenvolver versões de *branding* e ainda mais expressões de comunicação.

Dada esta essencialidade do posicionamento como grande indutor da cadeia de construção de marca, quais são os fatores que formam um posicionamento verdadeiramente catalisador?

O posicionamento da marca não deve ser autorreferente

Os posicionamentos mais fortes, mais inspiradores, mais relevantes e mais perenes são aqueles que são pontos de vista de uma marca sobre seus públicos e não pontos de vista de marcas sobre si mesmas.

Posicionamentos autorreferentes ainda são os que mais se observam no mercado, caracterizando-se por uma enxurrada de autocelebração de atributos que não sensibilizam o público-alvo.

Em marcas de produto, este vício se expressa pelo desfile de benefícios funcionais: "*claims*" e "*statements*" de superioridade ("o mais branco, "o mais moderno", "x% de ingrediente A" etc.).

Em marcas corporativas, por sua vez, se expressa pelo desfile de informações sobre origem ("desde....", "fundado por...."), porte ("líder em….., "presente em "n" países etc.) ou portfólio ("nossos produtos", "nossas áreas de atuação" etc.).

Propósitos que tocam

Por outro lado, posicionamentos que são concebidos para tocar a vida dos seus públicos são aqueles que expressam um propósito (e voltamos ao risco da proliferação de jargões!), representam um "porquê", em oposição aos posicionamentos autorreferentes, que representam um "o quê". Basta recorrer a posicionamentos icônicos, que se confirma, até empiricamente, a potência desta abordagem.

"*Just Do It*", de Nike, é um convite para que cada um desperte o atleta que existe dentro de si, e não uma celebração de amortecedores nos tênis. "*Live Young*", de Evian, é um estímulo a se sentir sempre jovem e vital, e não uma celebração de minerais que existem na água. "Porque se sujar faz bem", de Omo, é um incentivo para que pais liberem seus filhos para descobrir, e não uma celebração de enzimas.

Mesmo em casos mais recentes e nacionais, de empresas que tradicionalmente se posicionavam de forma mais "o quê", a evolução para posicionamentos baseados no "porquê" já tem gerado impactos importantes em comunicação e reputação. A Gerdau, por exemplo, a partir de "O Futuro se Molda" passa a estar muito mais conectada com o público jovem e com a cultura nacional (ex.: palcos de festivais), além de reforçar sua versatilidade em se adaptar aos diferentes desafios dos mercados que envolvem o aço (construção, automobilístico, energia etc.).

A BASF, em seu negócio agro no Brasil, vem se posicionando a partir de "Juntos pelo seu legado", que representa o compromisso de, mais do que reconhecer o sucesso do produtor rural em sua jornada, perpetuar e fortalecer este sucesso para o futuro, através da integração de produtividade e longevidade no seu portfólio. Suas comunicações, por consequência, têm estreitado a relação da empresa com o agricultor, aportando uma importante camada emocional nesta relação, muitas vezes marcada por uma dinâmica mais transacional.

Estes posicionamentos são tão essenciais e estratégicos, que estabelecem diretrizes para desenvolvimento de produtos, decisões de portfólio, abordagens de marca empregadora e até mesmo direcionadores de cultura interna, o que comprovam a sua natureza essencial para além de um catalisador de ativos estéticos (*branding*) e expressões de comunicação.

Para se chegar a posicionamentos que tenham esta característica de propósito, é preciso identificar uma verdade humana (um *insight*) sobre a qual a marca construa seu ponto de vista. Percebe-se que todos os posicionamentos acima são construídos a partir destas verdades, são respostas a tensões, desejos ou aspirações humanas. A superação via autoconfiança, a vitalidade "eterna", o desenvolvimento infantil, a construção do futuro e a perpetuação do legado, em seu sentido mais amplo, são as verdades que sustentam os exemplos citados.

Vimos então que posicionamentos baseados em propósitos efetivamente tocam a vida das pessoas, e que estes são baseados em verdades humanas. Mas como chegar a estas verdades, de forma estratégica e, principalmente, ancorada no negócio? Afinal, o posicionamento, na cadeia de construção de valor de marca, é a disciplina mais próxima dele, como visto no início do capítulo.

Escolher e renunciar

Estas verdades são produtos de duas decisões críticas de negócio. A primeira, qual é a proposta de valor da marca? Seu grande benefício diferenciador e proprietário? E a segunda, quem é o público-alvo inspirador do posicionamento?

No centro destas duas questões, estão a necessidade de escolher e a aceitação de se renunciar.

De forma pouco técnica, e direta ao ponto, marca que quer ser conhecida por tudo acaba por ser conhecida por nada. Marca que quer se conectar com todo mundo acaba se conectando com ninguém. Posicionar, como a palavra mesmo conota, é tomar posição. É daí que se inicia todo o processo de desenvolvimento de um posicionamento potente. Não se deve menosprezar a dificuldade que envolve escolher e renunciar. Escolher, do ponto de vista humano, é exercer livre arbítrio, é abrir possibilidades, é construir caminhos.

Mas renunciar é sacrificar, é deixar para trás, o que é doloroso. Adiciona-se a esta dificuldade a complexidade do processo decisório nas empresas, que envolve matrizes pouco claras, necessidades de alinhamentos e compromissos com "agendas" nem sempre convergentes.

A proposta de valor é a definição clara e cristalina daquele benefício do qual a sua marca vai se apropriar. Trata-se de uma decisão que envolve variáveis mais tangíveis, os chamados *drivers* de escolha de clientes na categoria em que a marca/empresa opera.

Brancura, remoção de mancha, perfume, preço, rendimento? Todos estes *drivers* são importantes para o consumidor. Mas se se busca "ser conhecido" por todos eles, não se constrói diferenciação, e incentiva-se, a partir daí, uma dinâmica competitiva baseada em preço, que é diluidora de valor. Omo escolheu remoção de manchas, e daí vem a jornada que culmina em "Porque se sujar faz bem". Nike, performance, o que significa que teve que renunciar a estilo, design, e a outros *drivers*. BASF, em agro, escolheu a produtividade de longo prazo, e não a sua origem alemã, por exemplo. Gerdau abraçou sua capacidade de adaptar o aço às diferentes necessidades.

A decisão do público-alvo de posicionamento passa pelo princípio de se distinguir quem inspira e quem "consome" ou é impactado pelo posicionamento. Toda marca deve ter um público no qual mirar para a construção da sua proposta de valor, o público que gerará negócio e que, ao ser bem atingido, gerará também atração para os demais públicos. Em posicionamentos comerciais, define-se um determinado perfil de cliente, com características sociais, demográficas e atitudinais como "mira" da marca, mas planejando, comercialmente falando, que se acerte o maior número possível de públicos. Omo mirou as mães de crianças entre 7 e 14 anos, envolvidas no processo de lavagem, pois são elas quem têm mais aderência à proposta de valor de remoção de manchas. E, como consequência, acaba atraindo para a marca jovens casais, solteiros, viúvas, pais e mães de crianças mais novas etc. Em posicionamentos corporativos, a lógica é a mesma, considerando-se que, predominantemente, o público inspirador tende a ser algum segmento de clientes, e os públicos de interesse – ou *stakeholders* –, tais como comunidades, investidores, imprensa etc., configuram-se mais como públicos receptores do posicionamento. Em Gerdau, a adaptabilidade é dirigida aos clientes que têm o desafio de liderar suas empresas para o futuro, e acaba impactando, como consequência, outros perfis de clientes, sociedade em geral, jovens talentos, público interno, entre outros *stakeholders*.

Deste processo de escolhas de proposta de valor e de público-alvo inspirador de posicionamento, emanam as verdades humanas que inspiram propósitos, base de posicionamentos potentes. Chegar a estas verdades a partir de propostas de valor que abarcam diversos benefícios para diversos públicos é tarefa intelectual praticamente impossível. Escolher e renunciar é o ponto de partida, chegar em verdades humanas é o meio e responder a elas com um ponto de vista é o destino final da jornada de desenvolvimento de posicionamento.

***Brand publishing* como guardião do posicionamento da marca**

São estes posicionamentos que serão "*briefings*" para desenvolvimentos de *branding* impactantes e proprietários. Caberá ao *branding* o desafio de sintetizar o posicionamento em símbolos, logos, texturas, sons, fragrâncias, imagens e palavras. É o *branding* que transforma o posicionamento em algo visto, ouvido, tocado, sentido, cheirado e até saboreado. É sobre elevar a estratégia a signos e símbolos que vão consistentemente estar presentes na relação entre marca e seus públicos.

E serão o posicionamento e o *branding* os pilares para estratégias de comunicação e desenvolvimento de campanhas que conciliem potencial criativo com construção de "*equity*" ao longo do tempo. Estratégias e *briefings* de comunicação devem estar intrinsecamente fundamentados nas mensagens que o posicionamento consolidou e no universo estético que o *branding* formou.

Dentre essas comunicações, emerge o *Brand Publishing*. Ou, em outras palavras, o ativo proprietário de comunicação editorial da marca, que se caracteriza como um desdobramento integral do posicionamento da marca. Afinal, um ativo de *brand publishing* bem estruturado, como consequência direta de um trabalho sólido de posicionamento, se torna – na prática – um guardião do mesmo. Pois trabalha editorialmente e tecnologicamente com profundidade, volume e consistência os campos temáticos da marca.

Um ativo de *brand publishing*, com seriedade editorial, técnica e de gestão, entrega de forma íntegra e integral o contexto completo de uma marca, seu setor, sua indústria e seu impacto na sociedade. Tudo isso sem ser autorreferente. Afinal, um ativo de *brand publishing* deve ser bom o suficiente para caracterizar a marca como um destino editorial legítimo e relevante para suas audiências. Na outra mão, deve ser um ativo tecnológico, em linha com a evolução regulatória-técnica-cultural do ambiente digital, que valoriza cada vez mais a eficiência, a privacidade e a legitimidade das informações e do relacionamento de uma marca com seus públicos.

O posicionamento editorial de um ativo de *Brand Publishing* se desdobra, portanto, diretamente do posicionamento da marca. Como construir plataformas editoriais, se uma marca se encerra em pontos de vista sobre si mesma, em posicionamentos autorreferentes? Sem uma perspectiva sobre a vida dos seus públicos-alvo, a definição de uma estratégia editorial será carregada de subjetivismos.

Tais subjetivismos são eliminados com um trabalho editorial maduro, substantivo e informativo, bem como com uma maturidade técnica de mídia proprietária, construção de audiência e dados que o ambiente digital pode nos dar. Tanto o conteúdo, quanto a plataforma refletem o posicionamento. Afinal, na sociedade da informação, o meio se torna a mensagem, a mensagem se torna o meio.

O *Brand Publishing* bem executado, portanto, é uma das provas mais claras de que o posicionamento tem a potência para tocar vidas. Afinal, se uma marca chega a status de referência editorial em seu segmento ou setor, é porque seu posicionamento inspira pautas, temas e conteúdos de forma engajadora e sustentável.

capítulo 4

O papel do *Brand Publishing* na comunicação de empresas

Hamilton dos Santos e Paulo Nassar

No âmbito da comunicação das empresas, o *brand publishing* – este fascinante e sensível movimento de desintermediação das marcas – tem potencial para ser o elemento-chave na estratégia geral da gestão de *stakeholders* de qualquer organização. Cremos, no entanto, que seu valor pode ser ainda mais notável na comunicação específica das estratégias e ações de responsabilidade social e ambiental. Por meio do conteúdo, companhias têm a oportunidade de compartilhar narrativas sobre suas agendas ESG, destacando não apenas os resultados tangíveis, mas também os valores e propósitos subjacentes.

Hoje, como mencionamos acima ao falarmos em desintermediação, as marcas podem criar e controlar ativamente seus próprios canais de comunicação, o que lhes permite contextualizar melhor suas práticas sustentáveis e construir uma voz autêntica capaz de estabelecer conexões emocionais com seu público-alvo. O conteúdo produzido pode abranger desde histórias de impacto positivo na comunidade até detalhes sobre políticas ambientais, proporcionando uma visão ampla das iniciativas da empresa.

Além disso, o *brand publishing* – também chamado jornalismo de marca – contribui para a construção de uma conversa consistente ao longo do tempo, posicionando a marca como autoridade técnica dentro do seu campo de atuação. Isso não apenas reforça a reputação, mas também influencia positivamente a percepção do consumidor, fortalecendo a fidelidade.

O State of Marketing & Trends Report 2024, estudo feito com 1.400 profissionais de marketing em todo o mundo, publicado pela empresa de *software* de marketing digital Hubspot, indica que 33% dos entrevistados pretendem investir mais na produção de conteúdo proprietário em texto, áudio e vídeo.

Diante da tendência de declínio do tráfego gerado pelas redes sociais, atrair audiência por meio de mídias próprias é a estratégia mencionada por 77% dos líderes editoriais que participaram do relatório "Tendências e previsões de jornalismo, mídia e tecnologia para 2024", do Instituto Reuters para o Estudo do Jornalismo.

Dada a relevância do tema, a Associação Brasileira de Comunicação Empresarial (Aberje) tem fomentado discussões sobre os avanços da produção de conteúdo pelas empresas. O Prêmio Aberje, criado em 1967 para laurear as melhores práticas em comunicação corporativa, dedica uma de suas categorias às melhores iniciativas de conteúdo de marca e *brand publishing*.

De certa forma, a própria Aberje, que se norteia pelo princípio fundamental do associativismo, pode ser considerada um exemplo de como o conteúdo é capaz de materializar o legado e a visão de mundo de uma instituição. Tendo se consolidado ao longo de 56 anos como o *think tank* da comunicação organizacional brasileira, a Aberje é um lugar de conhecimento que se torna tangível por meio de seu ecossistema de conteúdos, que inclui portal de notícias, publicações, eventos, cursos e, sobretudo, pesquisas e estudos com informações relevantes apuradas para impactar positivamente a vida dos profissionais que atuam em suas empresas associadas.

O *brand publishing*, especialmente quando pensado no contexto da Responsabilidade Social das Organizações e do ESG, tem se tornado um elemento cada vez mais relevante na comunicação corporativa contemporânea. No entanto, à medida que cresce o volume de conteúdo editorial produzido pelas marcas, surgem questões sensíveis que merecem dos profissionais da área um olhar atento.

Uma primeira pergunta é se a democratização do acesso aos meios de produção de conteúdo faz com que toda e qualquer empresa esteja necessariamente investida das prerrogativas de uma empresa de comunicação. Além disso, é preciso entender se as companhias estão preparadas para adotar os protocolos clássicos do bom jornalismo.

Outros pontos importantes: seria razoável pressupor que se possa prescindir do jornalismo tradicional? Quais são as implicações trazidas pelo *brand publishing* no relacionamento das empresas com a imprensa? E ainda: que desdobramentos esta tendência pode ter na formação dos profissionais que atuam na área? Não importa como prossigamos neste acalorado debate, desde logo, vale assinalar, a imprensa e, ainda mais, a liberdade de imprensa, são tidos pela Aberje como pilares essenciais da democracia, pilares dos quais não se pode nem cogitar abrir mão.

A transformação pelo digital

No mundo pré-digital, a estratégia de comunicação das marcas consistia em comprar espaço em veículos de mídia tradicionais ou tentar ganhar visibilidade por meio deles. Era o único caminho para se conectar com os consumidores e clientes.

A internet deu início a um novo capítulo na comunicação, permitindo que pessoas e empresas passassem a falar diretamente com suas audiências por meio de *blogs*, redes sociais e plataformas colaborativas.

Isso não quer dizer que, de uma hora para outra, todas as empresas se tornaram empresas de mídia. O conteúdo assumiu maior relevância em suas estratégias de comunicação, mas ainda hoje poucas companhias demonstram capacidade de assumir profissionalmente o papel de *publisher*.

Antes, as marcas só apareciam quando faziam campanhas de marketing pontuais. Hoje, algumas delas têm a capacidade de estabelecer conversas contínuas com seu público, graças ao poder do conteúdo. A *owned media* tornou-se crucial nesse novo paradigma.

À medida que os navegadores *web* passaram a desativar *cookies* de terceiros – o Google Chrome iniciou o processo em fevereiro de 2024 – e as regulamentações de privacidade se tornam mais rigorosas na internet, o conteúdo proprietário se torna ainda mais valioso para as empresas, seja para conhecer melhor a audiência, adquirir novos clientes ou fidelizar os existentes.

Porém, em um mundo inundado por conteúdo criado pelas ferramentas de inteligência artificial, gerar diferenciação é uma árdua tarefa. As empresas precisam produzir regularmente histórias atraentes para disputar a atenção do usuário em um ambiente altamente saturado. Infelizmente, a mesma IA potencializa o surgimento de desinformação – o *brand publishing* precisa estar do lado oposto, comprometido no combate desta ameaça.

A pesquisa B2B Thought Leadership Impact Study, realizada globalmente por Edelman e Linkedin, ouviu *CMOs* de negócios *B2B* sobre as dificuldades na produção de conteúdo. 46% dos entrevistados afirmam que os conteúdos proprietários são autorreferentes e não transmitem informações de valor para a audiência. Quatro em cada dez também concordam que suas iniciativas de conteúdo não têm ideias originais.

Jornalismo tradicional

Independência, isenção e responsabilidade social na divulgação de informações são as bases do jornalismo, pilares fundamentais para a construção de credibilidade e confiança. Ao longo do tempo, os veículos da imprensa foram adicionando protocolos para estabelecer os padrões de qualidade das suas produções jornalísticas. Mecanismos de checagem de informação, manuais de redação, código de posturas éticas no exercício do trabalho, modelos de governança, conselhos editoriais e até a instituição do *ombudsman* são expedientes que têm o objetivo de garantir a clareza, objetividade e precisão do conteúdo.

Nem todas as marcas produtoras de conteúdo estão preparadas para adotar os protocolos clássicos do bom jornalismo, mas tais atributos devem nortear seu trabalho e, além disso, na condição de verdadeiros *publishers*, precisam primar pela transparência e pela ética na comunicação.

Além disso, a ascensão do *brand publishing* traz implicações significativas para o relacionamento das marcas com a imprensa tradicional. Ao se tornarem *publishers*, marcas podem competir diretamente com veículos de comunicação estabelecidos, gerando um cenário complexo de relacionamento. Por um lado, as marcas têm a oportunidade de contar suas próprias histórias sem depender exclusivamente da mídia tradicional. Por outro lado, há o risco de surgir conflitos de interesse e perda de objetividade quando se tornam autorreferentes.

Essa tendência também impacta a formação dos profissionais que atuam na área de comunicação. Com o surgimento do *brand publishing*, espera-se que os profissionais desenvolvam habilidades multifacetadas, combinando conhecimentos jornalísticos com competências em marketing e *branding*. A capacidade de produzir conteúdo relevante, autêntico e envolvente, alinhado aos valores da marca, torna-se essencial para o sucesso nesse novo cenário.

Quando uma marca se torna um verdadeiro *publisher*

O processo de produção de um *publisher* requer investimento em equipes profissionais, experientes e qualificadas, capazes de criar conteúdo que atenda às demandas da audiência em qualquer contexto ou plataforma.

Entretanto, ao assumirem o papel de *publisher*, as marcas enfrentam desafios significativos. Construir uma audiência também requer investimento financeiro e tempo. A obtenção de *backlinks* oriundos de outros *publishers* respeitáveis é crucial para estabelecer reputação de uma propriedade digital nos mecanismos de busca e, assim, gerar tráfego orgânico.

Por fim, a avaliação de resultados e a definição de objetivos claros são imprescindíveis para mensurar o sucesso do empreendimento. Manter um fluxo constante de conteúdo de alta qualidade ao longo do tempo é um desafio contínuo. Se a marca não for percebida como especialista no assunto, a ajuda de parceiros externos pode ser necessária.

Ademais, a marca deve adaptar seu conteúdo para diversos formatos e plataformas, incluindo vídeo e áudio. A qualidade do conteúdo é determinante para o êxito do projeto.

Em resumo, o percurso para se tornar um *publisher* de sucesso é repleto de desafios, mas para as marcas dotadas da vocação e dos recursos necessários, a recompensa pode ser uma comunicação mais eficaz, relacionamentos mais sólidos com a audiência e uma posição de destaque no cenário digital.

parte 2

GESTÃO E GOVERNANÇA

capítulo 5

Como as pessoas trabalham com *Brand Publishing*

Joana Almeida de Carvalho

Quando cheguei a Barões, em 2019, indicada pelo João (um dos fundadores), com quem tinha trabalhado há mais de 10 anos, a empresa tinha quatro *hubs* e o quinto estava sendo iniciado naquela segunda-feira pós-Carnaval, junto comigo. A minha missão naquele momento era simples: fazer a gestão dos projetos de *Brand Publishing*, por meio da organização de processos, com foco nos planos de crescimento da empresa. Cinco anos depois, muita coisa mudou. Os planos iniciais deram certo e a empresa cresceu. Em vez de cinco, hoje são 12 projetos, uma equipe com mais de 30 pessoas – uns se foram e muitos outros chegaram – e minha missão também mudou.

Agora os planos são maiores. Não é só ser a empresa referência em *Brand Publishing* no Brasil (propósito levado a sério por aqui), mas também se tornar exemplo de uma empresa lúcida no mercado de comunicação brasileiro. A missão é nobre e perfeitamente crível para um grupo consciente do seu papel de não reproduzir práticas nocivas e abusivas que costumam ser praticadas no mundo corporativo.

Assim como a Barões busca elevar as marcas a patamares de excelência em comunicação editorial, temos como objetivo ser um marco na carreira de quem escolhe trabalhar conosco. Seja pelo aprendizado, por meio do desenvolvimento de novas habilidades, seja por se sentirem confortáveis e felizes. Nossa cultura de trabalho prioriza as pessoas ao promover um ambiente colaborativo e seguro estabelecido por relações de confiança, baseadas em respeito e gentileza.

Nossa ambição vai além quando temos certeza de não formarmos profissionais apenas para a Barões, mas para o mercado de comunicação editorial de uma forma geral. Queremos exportar nossa cultura de trabalho por meio das pessoas que passam por aqui. Para que mesmo que saiam da empresa, levem boas experiências e aprendizados que possam ser compartilhados com outros colegas em equipes de outras empresas. E desejamos que isso se transforme num movimento positivo no nosso setor.

E não poderia ter lugar melhor para esse compromisso do que numa empresa de *Brand Publishing*. Trata-se de uma disciplina que torna essa missão mais didática, uma vez que a gestão desse tipo de projeto demanda organização e metodologia. O planejamento minucioso, antes de iniciar a execução, por exemplo, estabelece com clareza a estruturação de processos e de responsabilidades. Isso traz tranquilidade para qualquer pessoa que queira se sentir segura em seu trabalho.

Mas, voltando à minha história de quando cheguei à empresa, embora tivesse habilidades técnicas que eu considerava adequadas ao cargo, já sabia que seria necessário desenvolver novas competências para superar aquele desafio. Trabalhava até então com assessoria de imprensa e relações públicas numa agência de comunicação, atendendo uma grande empresa do setor de bebidas. Tinha vasta experiência com atendimento ao cliente, análise estratégica de cenários, crises e formação de porta-vozes.

Ao longo dos três primeiros anos, atuei na organização de processos, na construção de uma cultura de trabalho baseada em planejamento para uma execução efetiva e com menos retrabalho (estresse) para a equipe. Antes de começar a executar de fato, tratamos de organizar um processo para a realização da demanda. Isso é fundamental para dar consistência a um projeto de *publishing*. Além de ensinar a equipe a trabalhar com previsibilidade, uma vez que os projetos têm um ciclo de vida com etapas semelhantes desde o lançamento à maturidade operacional.

Nesta função, tive a possibilidade de interagir com toda a equipe, de uma maneira geral. E foi aí que uma nova habilidade se manifestou: a gestão de pessoas. Foi quando recebi o convite para estruturar a área de Pessoas da Barões, com a missão de estabelecer uma nova cultura de trabalho; uma que refletisse a filosofia da disciplina *brand publishing*. De novo aceitei uma função com apenas parte das habilidades necessárias para aquele cargo, porém disposta a mais uma vez me desenvolver para corresponder a esse novo desafio.

Conto minha história como exemplo de desenvolvimento profissional porque, assim como eu me transformei, vejo outros colegas de trabalho passarem por jornadas semelhantes com o *brand publishing*. Jornalistas que viraram exímios gestores ou publicitários e engenheiros que atuam como minuciosos analistas de dados. E a maioria deles chegou aqui como eu, sem muita informação sobre *brand publishing* ou mesmo sobre comunicação editorial para marcas.

Esta é uma das bandeiras da empresa: contribuir para o desenvolvimento profissional de cada colaborador. Seja por meio do aprendizado de novas habilidades no desempenho de sua função, seja por meio de suporte educacional externo. Seja para aprimoramento de competências, seja para transição de carreira, como foi o meu caso. Mudanças em ferramentas e algoritmos, por exemplo, exigem dos profissionais contínuas capacitações. E somos parceiros dos colaboradores nesse desafio de mantê-los a par com o que há de mais atual no mercado de comunicação.

Brand Publishing como diferencial na carreira profissional

Além de garantir um ambiente de trabalho seguro e o comprometimento com o desenvolvimento das pessoas, posso dizer que o *brand publishing* também nos permite estar à frente das tendências do mercado de carreiras. Porque muitas das atitudes e comportamentos esperados das empresas já são contemplados pela cultura de trabalho da Barões.

Atualmente, no mundo, há um movimento de busca individual, com consequências coletivas, por novas relações com o trabalho. Há movimentos como o *great resignation* (grande renúncia), identificado em alguns países após a pandemia e analisado por especialistas como um protesto de descontentamento com o esquema desgastante de trabalho atual. E há também o *quite quitting* (demissão silenciosa), em que o funcionário passa a priorizar saúde mental e tempo de qualidade na vida pessoal em detrimento à sobrecarga de trabalho, se comprometendo a entregar apenas o que foi combinado em seu contrato, nada "além disso". O que deveria ser considerado justo, uma vez que o trabalho é muito importante, inclusive na formação do indivíduo, mas não deve ser o único propósito da vida de ninguém.

Outro conceito que vem sendo disseminado é o *lazy job*, que se assemelha um pouco com o *quite quitting*. Embora a tradução literal do termo seja "trabalho preguiçoso", costuma ser definido como a prática de trabalhar de qualquer lugar, com o mínimo de estresse, bem remunerado, com autonomia e horário flexível.

Em resposta a esses movimentos, grandes empresas já aplicam mudanças pontuais numa tentativa de manter os seus quadros. Entretanto, configuram medidas inexpressivas, ainda alinhadas com a antiga visão que estabelece as pessoas apenas como mão-de-obra ou mais um recurso na complexa equação que envolve o trabalho.

Um dos aspectos mais controversos do mercado corporativo atualmente é o trabalho remoto, adotado pela Barões desde a fundação da empresa, antes mesmo de se tornar uma condição compulsória na pandemia. Isso porque o trabalho a distância se encaixa perfeitamente ao modelo de gestão dos projetos de *brand publishing*, que não demanda equipes trabalhando fisicamente juntas. Dessa forma, podemos contar com talentos residentes em qualquer lugar do mundo, além de não ser impreterível a dedicação exclusiva de boa parte da equipe.

São inúmeras as vantagens desse modelo. O fato de trabalhar de casa ou de qualquer outro lugar oferece autonomia à pessoa ao permitir que ela escolha de onde quer trabalhar. A flexibilidade de horário também é uma característica desse formato. No caráter financeiro, há uma redução de custos com instalações físicas que podem ser melhor investidas na qualidade do trabalho do time, como aquisição de ferramentas para otimização de tarefas ou mesmo para a realização de um encontro presencial com toda a equipe, como fazemos uma vez por ano. Além de contribuirmos um pouco com a sociedade ao reduzir o deslocamento das pessoas em horário comercial.

De acordo com a pesquisa Tendências e Perspectivas do Trabalho – Report WeWork LatAm 2023[1], com mais de 3 mil entrevistas realizadas no Brasil, 18% dos profissionais atuam em trabalho remoto, índice que era de 12% no ano anterior, enquanto outros 18% encontram-se em esquema totalmente presencial, o que era de 10%. Isso concomitantemente a uma redução no trabalho híbrido, de 78% para 64%, em relação a 2022. O estudo também mostra que existe um descontentamento – não só no Brasil, mas em toda a América Latina – com a falta de flexibilidade nas políticas trabalhistas das empresas.

1 WEWORK. Tendências e Perspectivas, 2024. Disponível em https://www.wework.com.br/tendencias-e-perspectivas. Acesso em 25 de janeiro de 2024.

Mais da metade dos entrevistados (55%) demonstrou insatisfação com o seu atual trabalho. E a falta de flexibilidade (25%) e a falta de processos (14%) estão entre os principais motivos dessa experiência negativa. Ao considerar uma proposta de emprego, a modalidade de trabalho (87%) e a flexibilidade de horários (88%) são prioridades para a tomada de decisão, perdendo apenas para o salário.

Os dados comprovam que vivemos uma frustração coletiva em relação ao significado das relações de trabalho. A busca por um novo formato, que beneficia o bem-estar e a felicidade, deve ser prioridade das empresas. E queremos fazer nosso papel.

Valores de *publishing*

Quem vê o êxito dos projetos de *Brand Publishing*, apresentados nos capítulos anteriores deste livro, pode imaginar um trabalho minucioso que demanda uma excelente equipe para dar conta de tantas entregas. Neste tipo de projeto, a cultura de trabalho impacta diretamente nos resultados. Por isso, temos um sistema operacional bem estruturado conduzido por uma equipe ciente de suas responsabilidades, atuando num ambiente seguro para o seu desenvolvimento profissional.

Isso só é possível por acreditarmos numa visão: ser a maior empresa de *Brand Publishing* do Brasil e a melhor para trabalhar no mercado de comunicação editorial. E esse propósito é assentado em valores que nos guiam rumo ao crescimento, sem perder a referência de onde queremos chegar e sem esquecer como e com quem faremos isso.

Para realizar essa missão, é imprescindível não abrir mão de valores. E o bom ânimo é o principal deles. Encarar o trabalho com confiança é um mantra na empresa. Isso transforma qualquer ambiente e facilita a troca entre todas as pessoas e, principalmente, com os clientes. Temos dificuldades como em todo lugar, porém buscamos manter a positividade frente às adversidades. Problemas acontecem, mas estimulamos o pensamento analítico e a resolução através de processos. As reclamações também existem, mas é importante que venham com propostas de solução. Os problemas não podem nos paralisar, pelo contrário, devem nos mobilizar à reversão da situação. De forma gradativa e consciente, planejando as ações em detrimento da reação impulsiva.

Compartilhar o problema e discutir a solução também é uma prática recomendada na metodologia de *brand publishing*. Ninguém precisa resolver nada sozinho. Basta chamar para uma *call* e desabafar com quem pode te ajudar. E as lideranças estão abertas a esses chamados. E se não tiverem uma solução, mais pessoas podem ser convidadas à reflexão. No final, os desfechos costumam ser coletivos e não solitários.

Esse é o ambiente colaborativo que buscamos promover para driblar os desafios do trabalho remoto: a integração das equipes e o fortalecimento do sentimento de pertencimento. Proporcionamos um ambiente colaborativo em que todos são estimulados a pedir ajuda à equipe de outras áreas. As lideranças não precisam resolver todos os problemas, mas incentivam sua equipe a buscar soluções com outras pessoas da empresa.

Também temos a prática de compartilhar conquistas e mudanças que renderam bons resultados. Isso faz a diferença em projetos de *publishing*. Em algumas de nossas reuniões gerais, a cada dois meses, são compartilhados *cases* das diferentes áreas para promover a troca de experiências. Dessa forma, é possível incentivar o pensamento analítico e a criação de processos para a resolução de problemas do dia a dia. Isso é uma prática importante para que uma solução não sirva apenas para aquele problema, mas que possa ser expandida para outros casos semelhantes em outros projetos. E, uma vez que as pessoas não atuam no mesmo ambiente físico, é essencial proporcionar esse encontro de partilha.

Outro pilar central na cultura de *brand publishing*, vinculado ao bom ânimo, é a pontualidade. Uma característica que por si só já se justifica por significar o respeito ao tempo do outro em favor de um bem coletivo. A partir de um olhar metodológico, definimos a pontualidade como importante para prover organização mental e clareza de processos, além de implicar numa série de ações táticas que compõem uma atuação técnica e de atitude ideal.

Não basta ser pontual nos compromissos. Para estar totalmente presente numa reunião, por exemplo, não basta chegar no horário, mas estar ciente sobre o escopo do que será tratado, estar com a apresentação pronta com antecedência para estar seguro de suas falas, buscar as informações necessárias para participar da tomada de decisão. A falta de pontualidade como característica de uma equipe é, na verdade, um sintoma material da defasagem de outros comportamentos, dentre eles a desorganização e a falta de lucidez tática.

A comunicação também é uma ferramenta importante. Comunicados claros e disponibilizados a toda a equipe podem ser a diferença entre as pessoas terem ou não confiança na empresa em que trabalham. A definição das ferramentas que são usadas para garantir a troca eficiente de informações entre as pessoas ajuda a construir uma unidade e assegura a replicação correta dos processos, o que garante consistência aos projetos de *publishing*. A falta ou falha de comunicação numa empresa pode ser categórica para uma pessoa se sentir satisfeita e confortável, ou não, onde trabalha.

Um exemplo de como a comunicação pode dar sinais do tipo de cultura que uma empresa está conseguindo desenvolver é o tema abordado pela especialista em cultura organizacional e autora do livro *The Insider's Guide to Culture Change*, Siobhán McHale, em uma de suas postagens no LinkedIn. A escritora listou 10 frases ouvidas em ambientes com uma cultura de trabalho saudável[2]. Boa parte delas (senão todas) podem ser ouvidas na Barões durante nossas reuniões de trabalho, como "quais são os próximos passos?", "o que você acha?", "vamos tentar!", "como eu posso ajudar?" e "qual problema estamos tentando resolver?". Isso reflete a nossa prática e nos dá elementos para inferir que estamos trilhando um caminho promissor.

Para finalizar este capítulo sobre pessoas que trabalham com *brand publishing*, quero mais uma vez retornar à minha experiência profissional e refletir sobre o meu objetivo de vida: quero ser produtiva e feliz. E acredito que com autonomia e clareza do meu propósito é possível. É um privilégio, principalmente no Brasil, poder escolher onde quero ser produtiva. Seja no trabalho, entre amigos ou em família.

E atuar numa empresa que me permite experimentar e construir um ambiente de confiança para o meu desenvolvimento é uma grande sorte, se olharmos para o mercado de trabalho corporativo. E a Barões quer ser esse lugar, onde as pessoas vivem o privilégio de querer estar lá. Vamos continuar construindo e aperfeiçoando nossos processos para fazer do *brand publishing* também uma metodologia de construção de uma cultura de trabalho saudável.

2 Disponível em https://www.linkedin.com/feed/update/urn:li:activity:7135224301707821056/. Acesso em 27 de janeiro de 2024.

capítulo 6

Governança: uma disciplina indispensável para o sucesso da estratégia de *Brand Publishing*

Luciana Alvarenga Machado

Nós, como profissionais de marketing e comunicação, já sabemos que cada setor tem suas particularidades, assim como o perfil de seus profissionais. A Fundação Dom Cabral (FDC) é uma escola de negócios que nasceu em Belo Horizonte e há quase 50 anos desenvolve pessoas e organizações públicas, privadas e sociais por meio da educação. Com reconhecimento internacional, desde 2005 é considerada uma das melhores escolas de negócios do mundo, segundo o ranking de educação executiva do jornal britânico Financial Times. O meio acadêmico é conhecido por ser um ambiente repleto de intelectuais, pesquisadores e profissionais altamente qualificados. No entanto, por trás de toda essa expertise, também existem desafios que muitas vezes são ignorados. Um dos desafios presentes neste meio é a busca incessante por reconhecimento e visibilidade, o que pode se tornar um obstáculo para o progresso e a colaboração.

Por outro lado, é um organismo vivo onde a produção de conteúdo é constante e intensa, o que torna mais complexa a disseminação de tanto conhecimento. Existe ainda uma outra questão que, particularmente, acredito ser a mais desafiadora: tornar o conteúdo acadêmico palatável e atrativo para os "meros mortais". Para todo conteúdo técnico, existem formas de torná-lo próximo e aplicável e é assim que fortalecemos a marca e conseguimos capilaridade, produzindo um conteúdo entendível e atraente para as pessoas.

Por entendermos que a busca por prestígio e visibilidade não devem ser os objetivos principais dos docentes, mas sim a busca pelo conhecimento e pela contribuição para uma sociedade melhor, acreditamos na estratégia de *brand publishing* como um importante canal de disseminação de informações e dos conteúdos produzidos pela academia. Além da Fundação Dom Cabral ter em sua natureza a missão de desenvolver a sociedade por meio da educação, a FDC, por ser uma Fundação e gozar de todos os benefícios da imunidade fiscal, tem o dever de devolver para a sociedade o conhecimento adquirido. Por isso, o projeto vem ao encontro do nosso DNA, de ser relevante para todos. O conhecimento que ficava muitas vezes restrito ao ambiente acadêmico ganha força e capilaridade, uma vez exposto e acessível para todas as pessoas.

Mais que uma escola de negócios, somos um *"Think Action Tank"*, um Centro de Educação Executiva e formulação de ideias. O termo *"Think Action Tank"* pode parecer novo para muitos, mas sua proposta é bastante simples e eficaz. Ao contrário dos tradicionais *think tanks*, que se concentram em pesquisas e análises, os *Think Action Tanks* têm uma abordagem mais prática e são orientados para a ação. O plano de tornar a marca da FDC um *publisher* vem ao encontro deste objetivo.

O *Brand Publishing* é uma estratégia de comunicação que endereça o desafio de nos tornarmos escola de negócios referência, um canal que reforça a nossa notoriedade em temas primordiais para o ecossistema de gestão e negócios.

E por que fomos escolhidos para trazer a disciplina "governança" como fator chave de sucesso em projetos de BP? Vocês já podem imaginar. Não foi nada fácil, muito pelo contrário, foi bastante desafiador implementar um projeto que traz para discussão novos conceitos de conteúdo e conhecimento além dos já tradicionais formatos acadêmicos e já enraizados pelos docentes. E é por este motivo que quero dividir com vocês, de forma bem didática, um pouco da nossa experiência. Tenho certeza de que ela trará *insights* e boas práticas para o desenvolvimento de futuros projetos em suas organizações.

Vamos começar pelo conceito: o que é governança em um projeto de *brand publishing* e qual a sua importância?

Governança é o conjunto de processos, estruturas e mecanismos que orientam a tomada de decisões e o controle das atividades de uma organização. No caso do *brand publishing*, a governança é responsável por garantir que o projeto esteja alinhado com os objetivos estratégicos da empresa, que seja executado de forma eficiente e que gere resultados. Em projetos de *brand publishing* a governança tem um papel ainda mais específico e peculiar, pois exerce uma função política na gestão interna do projeto. Faz parte da estratégia de governança a atração de aliados e embaixadores para garantir o engajamento e o sucesso junto aos demais *stakeholders* internos. Consequentemente, também é um mecanismo para diminuir ruídos indesejados.

Como a governança de *Brand Publishing* pode ser implementada na prática?

Trago nas próximas páginas alguns pontos primordiais para serem implementados como parte do projeto. Obviamente, a estrutura e as fases de implementação podem variar de segmento para segmento, além de serem adaptáveis ao perfil de cada empresa.

- Desenvolvimento de um plano editorial

Uma etapa importante do projeto de *brand publishing* é a etapa de planejamento e desenvolvimento de um plano editorial, que nada mais é que um documento que registra algumas definições estratégicas, como os objetivos e a estratégia da plataforma para a marca como *publisher*, além de traçar o cronograma de todas as etapas do projeto. Este documento, primordial para a governança do projeto, assegura o alinhamento entre cliente e fornecedor e entre as áreas responsáveis pela implementação e diretoria da empresa.

- Criação de um comitê ou conselho editorial

Um comitê ou conselho editorial de *brand publishing* é um grupo de pessoas que respondem por áreas de negócios da empresa e que são escolhidas estrategicamente para representá-las. Este comitê junto à equipe técnica do projeto se reúne uma vez por mês para alinhar o andamento do projeto e discutir temáticas que podem ser levadas como pauta para o *hub* de conteúdo. O comitê/conselho tem três importantes papéis para o sucesso do projeto:

Papel político: Ter um comitê/conselho editorial torna o projeto mais democrático. Faz com que ele deixe de ser um projeto apenas de comunicação e passe a ser um projeto institucional e de toda a organização. Dar voz às áreas internas é, sem dúvida nenhuma, a principal estratégia de engajamento dos colaboradores. Cada área interna tem necessidade de ganhar visibilidade, de divulgar os projetos e ações que estão em desenvolvimento, mas todos têm também o desafio de comunicar e ampliar o reconhecimento. A reunião do comitê/conselho permite que os representantes tragam temas e feitos que consideram interessantes de serem externalizados, e a equipe técnica do projeto fica responsável pela escuta ativa e por posteriormente analisar formas de transformá-los em pautas.

Papel pedagógico: Uma estratégia de *brand publishing* só funciona se a maioria entende o seu valor para a marca e, quando compra a ideia, passa a ser embaixadora do projeto. É no comitê que reforçamos os conceitos técnicos, abordamos os desafios do mercado e endereçamos as soluções como marca *publisher*. É aqui que garantimos o entendimento integral do projeto para que ele seja multiplicado e defendido internamente e externamente. Por isso, as pessoas que compõem o comitê são escolhidas estrategicamente, por serem pessoas influentes e que irão levantar a bandeira do projeto e replicar aos seus times e aos demais *stakeholders*.

Geração de pauta: O comitê, por ser formado por membros representantes das áreas de negócios da empresa, tem papel fundamental na geração de pautas. São das reuniões mensais do comitê que saem os insumos, informações e *insights* específicos e gerais para identificarmos a noticiabilidade de cada um deles. Iniciativas, projetos, ações ou temas quentes de mercado são trazidos por cada representante. Dessa forma, mantemos a diversidade de conteúdo, a multidisciplinaridade e as expertises da marca em forma de conhecimento para a sociedade.

Por isso, o comitê deve ser composto por representantes de diferentes áreas da organização, além de um público diverso, para assegurar a riqueza de conteúdo e a pluralidade de pensamentos. Mas lembre-se, sem o engajamento interno genuíno o projeto pode não durar muito tempo. É preciso manter a chama acesa e gerar valor, para que este possa ser percebido por todas as pessoas.

- Processos

Não existe governança sem processos. E aqui não é diferente. Uma marca *publisher* demanda muito volume de conteúdo, envolve o trabalho de muitas pessoas e, como já vimos que o conteúdo é rei, mas a distribuição é a rainha, demanda também uma gestão apurada dos dados. Posso dizer que os processos são o ponto-chave para a implementação do projeto e a sobrevivência do mesmo. Sem processos bem definidos não tem estratégia de *brand publishing* que sobreviva, é impossível. Vai por mim. Clareza de papéis e responsabilidades, definições de metas, monitoramento e acompanhamento diário são algumas premissas básicas desta governança. Fornecedor e cliente precisam estar em sintonia e, mais do que nunca, trabalhar com confiança mútua, porque é o trabalho em conjunto que vai fazer toda a engrenagem rodar. Ninguém funciona sozinho e todas as funções e atribuições são complementares umas às outras.

Por sermos uma escola de negócios, a produção de conhecimento é feita em altíssima escala. São centenas de professores (*core faculty*, convidados e associados) encabeçando pesquisas, produzindo artigos, *e-books*, relatórios e sendo fonte de reportagens na imprensa. Tudo isso pode servir de insumo para o "Seja Relevante". Nosso desafio por aqui é conseguir ter conhecimento de todo esse conteúdo gerado, selecionar, priorizar e entender qual é o melhor formato para que ele seja publicado e gere interesse no nosso leitor. O comitê é estratégico para que o time responsável pela gestão do *brand publishing* esteja alinhado com essa produção de conhecimento nas diversas frentes da organização.

Fonte: https://sejarelevante.fdc.org.br

Com todo esse conteúdo mapeado, como explicado anteriormente, chega a hora de selecionar, priorizar e formatar a publicação desse material. Semanalmente acontecem as reuniões de pauta entre o fornecedor e o cliente responsável pela gestão do projeto. Nesses encontros são analisadas a noticiabilidade de cada tema sugerido. O conceito de noticiabilidade vem do jornalismo e determina se um evento ou informação é digno de ser noticiado. Essa decisão precisa ser cada vez mais *data driven* (ou seja, orientada por dados). Quanto mais alinhada aos dados a equipe técnica estiver, mais claros serão os critérios de noticiabilidade de um *hub* de *brand publishing*. São considerados os principais critérios de noticiabilidade:

- **Relevância:** o evento ou informação deve ser relevante para o público-alvo do veículo de comunicação;
- **Novidade:** o evento ou informação deve ser novo ou atualizado;
- **Impacto:** o evento ou informação deve ter um impacto significativo na vida das pessoas;

- **Estreiteza:** o evento ou informação deve ser significativo para um grupo específico de pessoas;
- **Controvérsia:** o evento ou informação deve ser controverso ou gerar debate;
- **Dramaticidade:** o evento ou informação deve ser dramático ou emocionante.

De acordo com Mário Erbolato, também são critérios de noticiabilidade:

CRITÉRIOS DE NOTICIABILIDADE

Proximidade notíciário local (rua, bairro, cidade, interior, estado, país)	**Marco Geográfico** fato importante para uma cidade que acontece em outro lugar. Pode ser também a notícia de um brasileiro em outro país	**Impacto** acontecimentos chocantes ou impressionantes	**Proeminência (celebridade)** notícias sobre pessoas importantes
Aventura e Conflito assassinatos, rixas e golpes fantásticos	**Consequências** fato que possa atingir o Brasil (gripe aviária, por exemplo)	**Humor** algo inusitado, engraçado	**Raridade** fato curioso, diferente (melancias quadradas, por exemplo)
Progresso melhorias na condição de vida (pontes, rodovias, usinas, etc)	**Sexo e Idade** mulheres nuas, casamentos em idade avançada e outros	**Interesse Pessoal** notícias de utilidade (tratamento de doneças, datas)	**Interesse Humano** fatos que descrevem histórias e dramas pessoais
Importância acontecimentos de maior relevância do dia	**Rivalidade** noticiário esportivo	**Utilidade** notícias de utilidade pública e direito do cidadão	**Política Editorial do Jornal** de acordo com o posicionamento da empresa
Oportunidade notícia pertinente dentro de um contexto específico	**Dinheiro** noticiário econômico, loterias e outros	**Expectativa ou Suspense** sequestros, acidentes, catástrofes	**Originalidade** algo diferente, inédito ou raro
Culto de Heróis atos importantes (de bravura) de pessoas famosas ou não	**Descobertas e Invenções** noticiário de ciências, informática e outros	**Repercussão** fato que gerou ou irá gerar outras notícias, comentários e desdobramentos	**Confidências** revelações pesoais sobre algum fato ou alguém

Fonte: Mário Erbolato

Dentro de um projeto de *brand publishing* é importante que os envolvidos (comitê/conselho editorial e equipe operacional) estejam muito alinhados em relação aos critérios de noticiabilidade da plataforma, que podem variar de segmento para segmento e precisam estar diretamente ligados aos objetivos da organização e aos interesses do público. A noticiabilidade tem a ver com o quão interessante (ou a "interessância") aquela pauta é para quem irá consumir. Não adianta uma organização produzir um conteúdo que não seja de interesse do seu público-alvo. As marcas precisam dialogar com a sua audiência; precisam ser atraentes pela sua relevância, e não publicar e disparar conteúdo como mala direta. Isso não cabe mais nos dias de hoje.

Muitas vezes, dentro dos comitês, são sugeridas pautas que dizem muito sobre o que a organização está fazendo, o que chamamos de autorreferentes e que nem sempre são de interesse do público externo. Com critérios de noticiabilidade bem definidos, os gestores do projeto de *brand publishing* aprimoram e declinam sugestões com mais rapidez e com embasamento técnico. Por outro lado, a equipe técnica também é capaz de propor vieses diferentes daquele mesmo tema, garantindo assim um conteúdo atrativo, sem restringir-se somente ao autorreferente. Noticiabilidade, em resumo, é o que torna um fato ou acontecimento interessante o suficiente para ser transformado em notícia. Imagine um grande bolo de informações: a noticiabilidade é como a peneira que separa os fatos mais relevantes e impactantes para o público.

Quanto mais bem-sucedido e reconhecido o projeto de *brand publishing* for dentro de uma organização, mais as pessoas vão querer estar nele com suas pautas "pessoais" e como ativos das marcas. Por aqui, é muito comum recebermos demandas das áreas de negócios e dos *stakeholders* contando de eventos, reuniões e produtos, e considerando o "Seja Relevante" como um canal de veiculação dessas agendas.

Como temos um plano editorial bem definido e uma equipe técnica alinhada, conseguimos avaliar cada caso e muitas vezes dar um outro olhar para essas sugestões. Um exemplo: a FDC realizará um evento voltado para conselheiros de diversas organizações. O evento em si não tem aderência aos critérios de noticiabilidade do "Seja Relevante". Mas, avaliando a programação, captamos nomes relevantes no mercado que estarão presentes enquanto participantes e palestrantes. Surge daí uma pauta que faz sentido com a linha editorial do *hub* e que não deixa de atender a necessidade da área de negócio por essa divulgação: uma entrevista com algum desses nomes, que fale sobre temas de seu domínio e que cite o evento de alguma forma nessa conversa. Temos reforço de marca, temos relevância, temos registro da agenda e temos um conteúdo rico para o leitor.

É importante lembrar que a noticiabilidade é subjetiva. Quando se trata de um veículo de *Brand Publishing*, é fundamental entender que os critérios não são, via de regra, os mesmos de um veículo *hard news*, por exemplo. Muitas vezes é preciso atuar de forma contrária à mídia tradicional, inclusive: deixar o assunto "esfriar" para tratar de seus desdobramentos, e não tentar investir na pauta enquanto ela ainda está quente e competir, de certa forma, com os veículos já consolidados. Os critérios de noticiabilidade podem variar de acordo com o público-alvo e o contexto social. Quando um projeto de *brand publishing* atinge a maturidade, os dados (principalmente relacionados à audiência e ao engajamento das matérias) ajudam a definir quais são os critérios adotados.

Algumas perguntas podem ajudar a determinar os critérios de noticiabilidade do projeto:

- Quais são os objetivos desse projeto? Por exemplo: aumentar o reconhecimento da marca, gerar *leads* ou gerar vendas;

- Qual é o público-alvo? Exemplo: clientes atuais, potenciais clientes, ex-clientes ou outros *stakeholders;*
- Qual é a estratégia de comunicação da marca? Por exemplo: ser mais informativa – difusão de conteúdo; educativa – ensinar algo; ou persuasiva – convencer o público de alguma coisa, criar verdades da categoria.

A definição de critérios claros de noticiabilidade é importante para garantir que o conteúdo criado seja relevante, interessante e eficaz.

Para finalizar, voltando à governança em si, e em resumo, é importante ter em mente que a implementação bem-sucedida da governança em projetos de *brand publishing* é essencial para garantir a eficácia, o alinhamento estratégico e o engajamento de todas as partes envolvidas. Uma iniciativa que contenha um plano editorial sólido, um comitê ou conselho estruturado e uma gestão eficiente (equipe técnica capacitada e alinhada, olhar *data driven* e processos organizados entre cliente e fornecedor, com papéis e responsabilidades bem determinados) está preparada para ser lançada, seguindo em pleno diálogo com as estratégias da organização.

Ao adotar uma abordagem dando a devida atenção à governança, as empresas podem fortalecer sua atuação como *publishers*, impulsionar o engajamento e a confiança tanto interna quanto externamente, além de terem um grande diferencial: alcançar resultados perenes no cenário competitivo atual. Como resposta, o público se engaja com a marca e confia na qualidade do conteúdo, o que contribui para a geração de valor da marca e o alcance dos objetivos estratégicos da empresa.

capítulo 7

Comitê editorial e o envolvimento das lideranças na construção do *Brand Publishing*

Gil Maranhão Neto

Eu já tinha alguma familiaridade desorganizada com o conceito de *brand publishing*. Uso esse termo "familiaridade desorganizada" porque se me perguntassem há 3 anos o que era *brand publishing* eu não saberia responder de forma precisa. Mas há anos recebia e eventualmente lia algumas publicações como as do BCG e do Harvard Business Review. Correndo o risco de ser anacrônico (além de impreciso), talvez definisse esse tipo de publicação como um serviço dessas organizações – notadamente *think tanks* – para os seus clientes, e, portanto, incluiria no rol de publicações os *White Papers* técnicos.

Em 2019, nosso Gerente de Comunicação Externa e Marca me procurou para apresentar a ideia de termos uma publicação própria, voltada para nossos públicos externo e interno. Inicialmente eu achei estranho ter a ENGIE como publicadora de conteúdo próprio ou curado. Tive dificuldades em visualizar o produto final, o conteúdo, e a logística por trás de um processo estruturado que desse continuidade a um projeto como esse. Mas ele me convenceu a conversar sem compromisso com o PH Ferreira, da Barões Brand Publishing.

Havia tempo que me incomodava a dificuldade que nós tínhamos para fazer chegar aos nossos *stakeholders* atuais as potenciais informações sobre o nosso negócio. Por conta da nossa pegada geográfica e da diversidade de atividades, há sempre muitas novidades sobre a empresa e seu universo que nossos clientes, fornecedores, colaboradores, acionistas, população impactada e reguladores teriam interesse ou necessidade de conhecer mais profundamente.

A ENGIE Brasil é uma grande empresa de infraestrutura, presente no Brasil em 21 Estados da federação e nas 5 regiões geográficas, atuando nas áreas de geração de energia – são 12 gigawatts de capacidade instalada para gerar energia de fontes 100% renováveis –, 4.500 km de rede de transporte de gás, linhas de transmissão de energia atravessando milhares de km, e serviços para empresas e municípios. Isso faz com que a empresa seja uma das grandes alavancadoras de negócios em suas cadeias produtivas; tomadora de financiamentos e promotora de construções, fusões e aquisições bilionárias; grande empregadora, com iniciativas reconhecidas em treinamento, diversidade e inclusão. Além disso, a empresa dialoga e interage com cerca de 250 municípios e suas populações – centros das nossas operações –, tornando a empresa uma grande fomentadora de cultura, educação, saúde e bem-estar nas regiões onde atua.

Nossos negócios giram em torno de dois princípios: o da Transição Energética para uma economia sem emissões de gases de efeito estufa; e que isso seja feito de forma sustentável social e economicamente para as pessoas – conceito também conhecido como Transição Justa. Esses dois princípios fazem parte do propósito empresarial da ENGIE no Brasil e no mundo, e envolvem uma série de conceitos, tecnologias e regulações locais e internacionais que deveriam estar ao alcance de todos os nossos *stakeholders*.

Esses dois princípios são técnicos e atingem as pessoas de forma direta na sua forma de viver. Estamos falando de sustentabilidade – ambiental, social e econômica – e, portanto, na forma como vivemos e como viverão os nossos filhos e netos; e o que nós, individual e coletivamente, podemos fazer para garantir às gerações futuras um mundo melhor do que encontramos. A energia está diretamente ligada a isso, pois nada existe, funciona ou é desenvolvido sem a energia: saúde, educação, transporte, indústria, serviços, bem-estar, alimentação, tudo depende da energia, e de como ela é produzida, transportada, distribuída e consumida (brinco que "o agro pode ser *pop*", mas sem energia não tem agronegócio).

Mas por trás dos conceitos de Transição Energética e Transição Justa, estão uma série de conceitos e entidades com os quais as pessoas estão sendo bombardeadas no dia a dia pelos meios de comunicação: ESG, gases de efeito estufa, GHG *Protocol*, energia renovável, escopos de emissões, *Science Base Targets*, COPs, Acordo de Paris, Soluções Baseadas na Natureza, NDCs, mercado de carbono – apenas para mencionar alguns –, que em geral não são devidamente explicados e entendidos pelo cidadão não especialista nesses assuntos.

Os meios de comunicação tradicionais falham ao tentarem explicar esses conceitos de uma forma coordenada e na dose certa. Ora são superficiais – esquecendo que muitas pessoas não detêm o embasamento técnico necessário para entender o assunto de uma forma estruturada; ora erram na dose – criando alarmismos do tipo "precisamos salvar o planeta".

Além disso, o que mais nos afligia em particular é que revistas e jornais só costumam publicar matérias sobre o fechamento de grandes negócios, ou matérias setoriais, usando a ENGIE como um dos exemplos de empresas – dentre outras – geralmente com viés informativo, mas raramente educativo, o que é muito importante, dado o caráter estratégico do setor de energia para o país, pois impacta o tripé segurança energética, modicidade tarifária e mudanças climáticas. *Websites* e campanhas publicitárias também têm dificuldade de desenvolverem uma comunicação proativa e educativa desse tipo, de forma estruturada e contínua.

Faltava algo.

Logo na primeira entrevista com a Barões, conversa foi, conversa veio (muito agradável e simpática por sinal), até que foi dito algo que despertou a minha atenção definitivamente: "A ENGIE é uma empresa que tem autoridade para ser publicadora de conteúdo próprio, de falar diretamente com o seu público, através de um canal próprio de comunicação".

O resto é história: foi criado o *hub* da ENGIE, o "Além da Energia", que conta hoje com 1.200 matérias próprias e curadas, com 4 milhões de leitores. Mas isso não aconteceu de uma hora para outra. Foi passo a passo, com muita preparação e planejamento.

Alguns fatores foram importantes para o sucesso do "Além da Energia":

O primeiro foi a criação de um Comitê Editorial, formado por pessoas das diferentes empresas que formam a ENGIE Brasil e das áreas de suporte, além da equipe da Barões. Participam pessoas das áreas de ESG, comercial, regulatório, Recursos Humanos e comunicações. Esse Comitê se reúne regularmente para discutir temas prioritários a serem cobertos, a abordagem, o formato (que podem ser matérias curadas, artigos, entrevistas ou *podcasts*), e quem iremos convidar para ser o interlocutor das matérias.

O Comitê Editorial é uma ferramenta sofisticada de governança, pois conecta o trabalho do dia a dia do "Além da Energia" com a liderança de toda a organização. Esse mecanismo, que conta com cerca de 10 cadeiras, ajuda a empresa a entender que o "Além da Energia" não é apenas uma ferramenta de comunicação corporativa. É um ativo da organização, com capacidade de aprofundar editorialmente os temas pertinentes à ENGIE, à sua indústria e a toda a sociedade. O comitê se reúne 11 vezes por ano e gera um aprendizado corporativo muito importante a respeito da comunicação editorial na comunicação contemporânea.

Através do comitê, as áreas sugerem temas, pautas, estabelecem tendências editoriais ("*agenda setting*"), bem como indicam *cases* e fontes do mercado, governo e organizações que serão ouvidas ao longo do tempo, em pautas apuradas e publicadas pelo "Além da Energia", dentro dos critérios editoriais previamente estabelecidos.

E aqui já falo de um segundo fator de sucesso: o que passamos a chamar de "diplomacia editorial". Convidamos interlocutores especialistas nos seus assuntos e formadores de opinião para conceder entrevistas ou escrever artigos exclusivos, que por si só atraem público para o "Além da Energia".

E claro, o mais importante: conteúdo selecionado, escrito e preparado com toda a sensibilidade pelas equipes, sempre com evidência científica, fontes confiáveis e sempre citadas, e evitando politização, acusações e especulações. Importante: as matérias buscam sempre mais do que informar acerca dos temas selecionados: tentam ajudar o leitor a entender o que é importante, o que está em jogo na Transição Energética e na Transição Justa e, finalmente, como ele pode se engajar e participar dessas transições efetivamente. Sempre, é claro, com muito aprendizado conceitual e técnico.

No comitê editorial aprendemos bastante sobre o *brand publishing* enquanto disciplina protagonista da comunicação corporativa; sobre o interessante período de transição midiática pelo qual estamos passando; além de questões técnicas como *SEO*, boas noções de métricas, de plataforma, mensuração da audiência, dados primários, entre outros pontos que não se esgotam neste capítulo. Sobre métricas e audiência, vale frisar, temos um processo de comparação periódica e bem fundamentada do desempenho do "Além da Energia" com *players* clássicos e respeitados da imprensa especializada do nosso setor (números que comprovam a nossa liderança editorial enquanto uma marca publicadora, diga-se de passagem).

Para tudo isso foi necessário estruturarmos um processo, de forma a que tudo pudesse ser preparado, escrito, revisado e publicado de forma fluida, continuada. Isso demanda muita dedicação, com profissionais bem informados sobre os assuntos a serem cobertos, prezando a checagem cuidadosa de números, conceitos e fontes, uma visão de longo prazo e – principalmente – muito compromisso.

capítulo 8

Estratégias de gestão de conteúdo no *Brand Publishing*

Beto Francellino

No princípio era o Verbo, diz a narrativa do Gênesis, primeiro livro da Torá judaica e da Bíblia sagrada cristã. Por verbo, entende-se a Palavra. E a palavra é conteúdo. E o narrador bíblico segue contando como todas as coisas foram criadas por Deus, que a cada dia produzia um novo conteúdo: no primeiro fez a luz, no segundo, as águas, no terceiro, a terra, e assim por diante até que produziu o seu principal conteúdo *hero*: os animais, o homem e a mulher.

Ainda que não se creia nessa narrativa, tudo que existe saiu de um ponto para os atuais sistemas organizados: os átomos, as moléculas, células, os tecidos, órgãos e assim por diante. E a natureza se encarregou de fazer a curadoria do que funcionava melhor e eliminou o que não era tão bom assim. E cá estamos hoje, num mundo de conteúdo original e conteúdo curado que funciona razoavelmente bem e que permite que você esteja lendo estas primeiras linhas de um capítulo que vai falar sobre gestão de conteúdo.

Bem, 13,8 bilhões de anos depois da criação (ou formação) do Universo, fato é que aqui na Terra está todo mundo produzindo conteúdo – não céus e terras, mas textos, vídeos e até memes. Qualquer pessoa com um celular na mão hoje é capaz de produzir uma notícia, uma opinião ou um vídeo, possua ele que teor for. Não só pessoas, mas também as marcas.

E é aí que entra o *brand publishing*. Nesse contexto, as marcas viram na cada vez maior digitalização e na penetração da internet banda larga uma maneira de se comunicarem diretamente com seus públicos. Com o advento das redes sociais, era o que elas precisavam para produzir conteúdo.

Assim, o *brand publishing* virou uma forma organizada e estratégica de as marcas conversarem com seus públicos de interesse. E isso não aconteceu do nada, porque por trás desse nome em inglês ainda não suficientemente traduzido em português – eu gosto muito de jornalismo de marca, mas é isso e mais um pouco – vem toda uma gestão muito organizada da produção de conteúdo, um método quase cartesiano que permite que as marcas produzam conteúdo como grandes portais fossem, mas selecionando para o seu público aquilo que ela sabe que vai interessar a ele.

A importância da gestão objetiva

Como uma das três vertentes da Comunicação Corporativa – a saber, *brand publishing*, assessoria de imprensa e publicidade –, o *brand publishing* exige uma gestão objetiva e sem firulas. Diferentemente do jornalismo do século XX, em que as notícias – ou conteúdos – eram ditadas pelos acontecimentos, no jornalismo de marca estes são apenas pano de fundo para a produção de conteúdo estratégico e com objetivo de construção de mercado.

E essa gestão é orientada por processos, com definições objetivas, papéis claros para cada participante e procurando eliminar ao máximo qualquer tipo de subjetividade. Sim, porque o conteúdo sempre tem um grau de subjetividade e, como a ponta de um *iceberg* que é o *brand publishing*, é o que está mais exposto a olhares interpretativos carregados de preconceitos pessoais sem embasamento técnico.

Esse trabalho de eliminação de subjetividades tem sido feito de forma sistemática na Barões. Neste capítulo, vamos mostrar como alguns dos processos do *brand publishing* foram construídos, como evoluíram, e alguns exemplos práticos que ajudam as marcas a serem *publishers* melhores, com uma visão estratégica de conversa com o seu público.

Você leu lá no início do capítulo sobre conteúdos *hero* e, se ainda não está familiarizado com o *brand publishing*, provavelmente escrevi em grego (ou hebraico). Explicando: a base de produção de conteúdo em projetos de mídia proprietária de cunho jornalístico é o processo que chamamos de *hub*, *help* e *hero*. Não foi inventada por nós, pegamos do Google e melhoramos. Vamos a eles: conteúdos *hub* são aqueles que mostram o poder da marca de observar, filtrar e entregar ao seu público as informações relevantes sobre o seu mercado. Os conteúdos *help* ajudam os leitores dessa marca a tomarem decisões ou a estarem mais bem informados sobre um tema dentro daquele território semântico. E, por último, os conteúdos *hero* conferem personalidade aos projetos de *brand publishing*, ao trazerem entrevistas, contarem histórias ou serem os olhos do público em um evento setorial.

Mas aí entram as primeiras subjetividades. Por exemplo, qual é a proporção ideal de conteúdos *hub*, *help* e *hero*? Quando começamos, tínhamos a sensação que um Pareto[1] clássico de 80%/20%,

1 O princípio de Pareto, também conhecido como regra 80/20, é uma teoria que afirma que 80% dos resultados são produzidos por 20% das causas.

para conteúdos curados e originais, respectivamente, era a proporção ideal, até mesmo para fins de distribuição. Mas ao longo do tempo, a interação com os clientes e as necessidades do leitor nos mostrava que precisávamos de um nível maior de sofisticação, que conferisse a essa produção um grau elevado de objetividade. Foi quando começamos a criar o que chamamos de kit de conteúdo, nada mais que as entregas previstas a cada mês detalhadas por tipo, posição do funil e volumes.

Variando de cliente para cliente, esse kit descia num nível maior de detalhamentos do tipo de conteúdo que seria produzido ao longo de um mês, estabelecendo inclusive um número para cada tipo de conteúdo. Por exemplo, para alguns clientes, criamos uma divisão entre os conteúdos *hub*, que chamamos de *hub* e *hub plus*. Enquanto os primeiros eram curadorias mais simples a partir de um fato ou um único conteúdo, os últimos ainda eram uma curadoria, mas podiam trazer aspas de executivos do cliente ou até mesmo ser um texto 100% original produzido a partir dos resultados de um estudo ou de uma pesquisa que ainda não haviam sido trabalhados por outros *publishers*.

Nos conteúdos *help* ocorreu a mesma coisa. No início, os conteúdos *help* eram basicamente listas. Ao longo do tempo, eles evoluíram e desdobraram-se em diversos subtipos de conteúdo. Tem aquele que é a definição de um conceito – por exemplo, o que são os objetivos de desenvolvimento sustentável da ONU e qual a importância deles. Tem aqueles que fazem isso e ainda integram uma visão de *SEO*[2] mais aprofundada. E ainda tem as listas, que permanecem sendo uma forma muito *sexy* de levar alguns conteúdos mais pesados para o leitor.

---

2 Sigla para *Search Engine Optimization* ou Otimização para Motores de Busca.

Nesses kits de conteúdo, também buscamos desdobramentos semelhantes para os conteúdos *hero*. Entrevistas ping-pong, artigos, personagens e histórias foram alguns dos desdobramentos possíveis, sempre com uma visão de quantos deles haveria e com que frequência. Sempre buscando o equilíbrio que permita que projetos de *publishing* sejam escaláveis, enxutos e relevantes, externando a autoridade da marca em sua área de atuação e o desejo da construção do seu mercado.

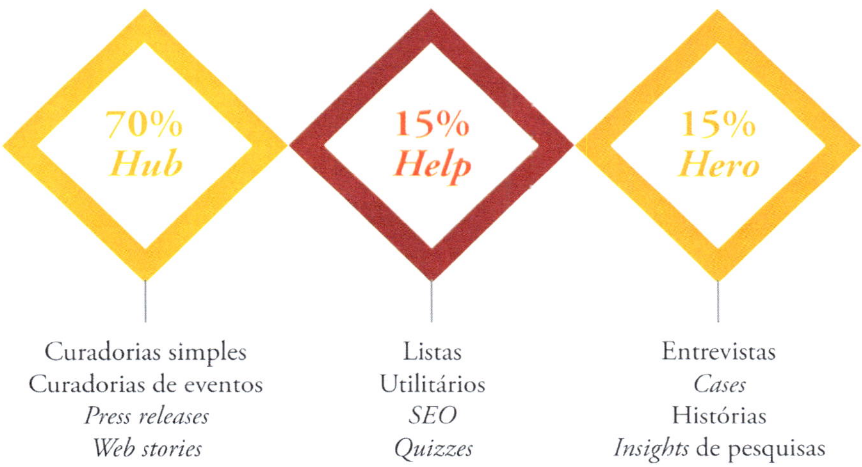

Fonte: Barões Brand Publishing

Lembro bem, também, de quando introduzimos o conceito de *pillar contents* aos nossos clientes. Afinal, como a gente ia organizar a produção de conteúdo e cumprir aquilo que prometemos, de ser curadores em tempos de infodemia – "quem vê tanta notícia...", já dizia Caetano – e *fake news*? Foi aí que pegamos o conceito, melhoramos e levamos para o *brand publishing*. E para que esse conceito funcionasse, era essencial o engajamento dos clientes. Assim, perguntávamos para eles quais eram os pilares que faziam sentido dentro das suas estratégias de negócios, estudávamos palavras-chaves relacionadas a eles e produzíamos nossos conteúdos em torno dessas palavras-chaves. O resultado era que o Google entendia que aquele portal de conteúdo era autoridade naquele assunto e começava a ranquear melhor nossas matérias.

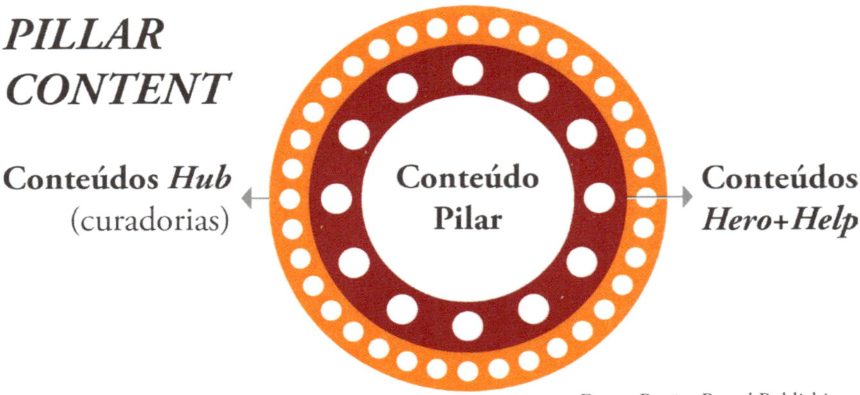

Fonte: Barões Brand Publishing

Outro processo pelo qual tenho muito apreço é de diplomacia editorial, cujo poder as marcas já começam a entender. Trata-se de uma maneira sofisticada de as empresas se aproximarem de clientes e *prospects*, dando a eles um espaço em seu ativo de mídia proprietária. E esse é um processo que, embora pareça um pouco mais subjetivo, tem como resultado um maior engajamento de gerentes e executivos da marca, que veem como o *brand publishing* pode ser um imã para que eles possam construir relacionamento com pessoas-chaves.

Outro exemplo digno de registro foi a cobertura de eventos. Com o fim da pandemia de coronavírus, os eventos presenciais voltaram com força total. E os clientes viram a força enorme do *brand publishing* em cobrir esses eventos e produzir conteúdos *super hero*, competindo até mesmo com grandes *players* editoriais já estabelecidos no mercado há mais de uma década. Foi quando criamos outro kit, o de eventos, estabelecendo tamanhos P, M e G para coberturas e definindo, desde o início do ano, qual dos eventos teria uma grande cobertura e quais teriam coberturas menores, mas cheias de qualidade. Mais um ponto para a objetividade.

Processualizando a produção de conteúdo

Antes de prosseguirmos, um parênteses. É de conhecimento público algumas das causas que levaram à falência ou a uma redução drástica de tamanho das empresas de mídia do século XX. No contexto da transição de modelo onde a publicidade tradicional sustentava grandes jornais, revistas e redes de televisão, muitas empresas não souberam – ou não quiseram – se adaptar aos novos tempos, o que requereria um olhar para dentro, sobretudo para os processos e como eles deveriam ser adaptados para os novos tempos do digital.

Felizmente, o *brand publishing* já nasceu com esse aprendizado e num contexto mais avançado da transição midiática, e muito disso está calcado em processos objetivos. Dentre eles, o mais crítico é a produção de conteúdo em si, que exige estratégia, pessoas preparadas, papéis claros para essas pessoas e medição e prestação de contas constantes sobre o que se está entregando

Foi nesse contexto que, de forma pioneira no mercado de mídia, a Barões criou um processo de conteúdo para projetos de *brand publishing*. A partir das necessidades de sofisticação dos nossos kits de conteúdo, vimos também a necessidade de uma melhor definição dos papéis da equipe. Por meio de um embasamento teórico que foi buscar os primórdios da produção dos folhetins modernos até mesmo pegando os bons exemplos do jornalismo do século XX – graças à pesquisa e à erudição do Rodrigo Santos, outro autor deste livro –, construímos um modelo de Redação inédito no mercado. Sendo assim, não tínhamos mais somente editores e redatores, mas também gestores e gradações de níveis de redatores, como redatores-executivos, plenos e gestores, todos trabalhando em conjunto num processo estabelecido para fazer os projetos funcionarem a partir dos objetivos delineados para eles. Nós inovamos num mercado que já era inovador.

E o nível de sofisticação vai aumentando quando o assunto é gestão estratégica de conteúdo nos projetos de *brand publishing*. Para dar um outro exemplo claro: criamos um mapa de implementação de processos de conteúdo para todos os clientes, com um *road map* claro de onde estávamos e para onde nos propúnhamos a ir, e marcos a serem cumpridos para que eles se tornassem realidade. Esse mapa nos permite ter uma visão do todo, identificando quais processos ainda carecem de maior desenvolvimento, e nos auxilia a traçar estratégias para implementá-los.

Engraçado é que quando você tem a missão de produzir conteúdo, as oportunidades de inovação não param de aparecer. Eu creio que todo gestor de empresa que tem um viés de inovação se preocupa em como vai fazer para melhorar aquilo que já existe. E como gestor de conteúdo, eu tenho exatamente essa preocupação. Mas a dinâmica de produção de conteúdo é tão intensa que as oportunidades de melhorias e inovações são imensas, a ponto de você ter que escolher onde vai atacar. Nem precisa ser muito criativo. Precisa, sim, ser organizado e tratar cada oportunidade como uma chance de ouro para enriquecer processos que já existem.

O surgimento de novos *players* editoriais

Bem, já estamos chegando no fim do capítulo e o resumo é: a cada pedra no caminho que encontramos na gestão de conteúdo, esculpimos um processo novo ou temos um desdobramento dos processos existentes para permitir que a produção de conteúdo estratégico de uma marca cumpra seus objetivos. Em reuniões quinzenais com pessoas-chaves da área de conteúdo da Barões – muitos aqui também autores deste livro –, debatemos os melhores caminhos para chegar nos objetivos requeridos pelos clientes e conferir o máximo de objetividade num processo que tem um alto grau de subjetividade.

Isso dá confiança aos nossos clientes, porque está claro que tratamos tudo o que aparece como possibilidade objetiva no *brand publishing*. E isso está muito ligado a essa gestão orientada a processos, descrita neste capítulo. Uma organização que talvez tenha sido negligenciada no jornalismo do século XX, sobretudo no processo de transição midiática que aniquilou impérios midiáticos e segue fazendo vítimas.

Em conclusão, dizem que o conteúdo é rei. Sendo rei, ele deve ser tratado como tal. Foi produzindo conteúdo que a sociedade avançou[3]. E hoje a produção de conteúdo editorial não está mais na mão de cinco ou seis conglomerados. As marcas estão assumindo essa responsabilidade e a Barões, com seu método organizado de produção de conteúdo, está tornando possível essa construção de novos *players* editoriais, com responsabilidade e comprometimento pelo desenvolvimento de seus mercados e, consequentemente, de uma sociedade melhor.

3 Yuval Harari, em "Uma Breve História da Humanidade", explora como a capacidade dos seres humanos de compartilhar informações e construir narrativas compartilhadas desempenhou um papel crucial na formação de sociedades complexas.

parte 3

IMPLEMENTAÇÃO E OPERAÇÃO

capítulo 9

Desenvolvimento e gestão de uma plataforma de *publishing*

João Gabriel Pereira

A plataforma é um dos elos da cadeia de *Publishing* e um dos pilares do projeto. Por isso, deve receber a devida atenção nas etapas de planejamento, operação e, sobretudo, na gestão do ativo de *Brand Publishing*.

Neste capítulo, vamos falar um pouco sobre os aspectos principais de uma plataforma profissional de *publishing* digital – sem entrar muito no "tecniquês", eu prometo. Abordaremos questões importantes, como hospedagem, segurança e *SEO*, além de todas as etapas de *UX*/Design e programação de um produto de *publishing*.

O objetivo é trazer uma visão conceitual, com alguns exemplos práticos (afinal, estamos falando de *Brand Publishing na prática*). Ao final deste capítulo, espero que você, leitor, tenha uma compreensão geral da parte tecnológica de projetos dessa natureza e esteja pronto para dialogar com o time técnico e tomar as melhores decisões.

Planejamento

No início de qualquer projeto de *Brand Publishing*, temos uma etapa crucial de planejamento onde algumas questões importantes são debatidas, como posicionamento, nome do site, volumetria de conteúdo e outros aspectos editoriais. É importante que neste momento os detalhes técnicos também sejam abordados com a mesma atenção dos demais aspectos.

Envolva o time técnico o quanto antes

Você deve ter o seguinte ponto em mente: tecnologia é um ponto central do seu projeto; traga os responsáveis para a conversa o quanto antes. É um erro comum, não apenas em projetos de *publishing*, o envolvimento tardio do time técnico. Quando isso acontece, geralmente temos retrabalho e, em alguns casos, decisões têm de ser revistas por impossibilidades técnicas ou políticas de segurança da empresa.

Como profissional de tecnologia, posso dizer com autoridade: profissionais de TI costumam ser muito chatos. Estamos sempre envoltos em procedimentos técnicos e burocráticos e uma vírgula fora de lugar em um código de dez mil linhas pode derrubar um site inteiro por horas. É impossível trabalhar com isso e não ser crítico e metódico.

Como prometido, trago um exemplo prático. Certa vez, ao apresentarmos um projeto de *publishing* ao Diretor de TI de uma grande empresa, ele interrompeu a apresentação no terceiro ou quarto *slide*: "este projeto me parece ótimo, mas já começou errado: nem eu, nem o meu time estamos sabendo de nada". E a minha resposta foi: "este projeto não começou errado porque ele ainda não começou. O planejamento começa esta semana, estamos conversando com as áreas e o seu time é um dos primeiros a ser envolvido. Nenhuma decisão técnica está tomada, vamos fazer isso junto com vocês". A reação dele foi extraordinária e uma reunião que começou tensa, terminou sendo perfeita.

Esse caso específico é de uma empresa de grande porte, com um ambiente técnico complexo e de gestão difusa. Sem o alinhamento prévio da liderança técnica e o envolvimento do time desde a primeira semana, dificilmente a plataforma seria entregue no prazo e no nível de qualidade exigido.

Envolver a TI de forma adequada no início do processo garante a segurança técnica para as tomadas de decisões e pavimenta o caminho para que a plataforma seja construída e alinhada aos objetivos do projeto.

Entendendo o ecossistema digital da marca

Costumamos dizer: "no geral, projetos de *publishing* são para empresas maduras na comunicação digital". Estas marcas entendem o contexto em que estão inseridas e a sua relação com seu público-alvo. Como são maduras digitalmente, costumam ter presença digital consistente com propriedades digitais diversas e múltiplos responsáveis por cada uma delas. Mapear esse cenário é uma das etapas do planejamento.

Alguns exemplos de tipos de propriedades digitais:

Site institucional

Geralmente é o site principal da marca (não necessariamente o que tem mais audiência). É uma propriedade que contém a apresentação da empresa e seus produtos e serviços.

E-commerce

Propriedade digital voltada majoritariamente para venda de produtos ou serviços. Um *e-commerce* é uma propriedade digital complexa, com regras bem específicas e que precisa ser gerenciada por um time especializado.

Landing Pages

Páginas criadas com um objetivo específico, como uma campanha de marketing ou *download* de um *e-book* via captura de e-mail. Costumam ser páginas simples, muitas vezes com apenas uma *url*.

Web Banking

Propriedades transacionais, geralmente disponibilizadas pelas próprias instituições financeiras, e que têm capacidade de realizar transações bancárias, como verificar saldos, transferir fundos, pagar contas e realizar outras operações. Em aplicações desta natureza a segurança é um fator primordial.

Aplicativos

São *software* desenvolvidos para execução em dispositivos móveis. Estes aplicativos podem ser desenvolvidos para realizar tarefas diversas e são disponibilizados para *download* em suas respectivas lojas de aplicativos, como a App Store para dispositivos iOS da Apple, e a Google Play Store, para dispositivos Android.

Propriedade de *Publishing*

É a plataforma de conteúdo da marca, com um posicionamento editorial claro e volume de publicações constantes. Assim como no *e-commerce*, uma plataforma de *publishing* tem suas características próprias e exige a atuação de um time especializado para gestão e manutenção.

Não é incomum que diferentes propriedades digitais da mesma marca possuam gestões independentes e times de manutenção e suporte separados. Esse é um fator importante que deve ser considerado no mapeamento das propriedades.

É importante entender quais são as *URLs* em que a marca está presente (além do domínio principal) e quem são os responsáveis por elas.

Também devemos mapear em quais redes sociais a marca está presente e quantos perfis tem.

Mapear a presença digital da marca é importante não apenas por questões estratégicas referentes ao posicionamento do produto. É também um processo para conhecermos os responsáveis por questões de governança de domínio, hospedagem, ferramentas utilizadas pela empresa e políticas para adoção de novas, caso existam.

No planejamento, será definida uma data-alvo para o lançamento do site de *publishing*. E essa data levará em consideração as tecnologias e ferramentas definidas para o desenvolvimento do portal.

Caso o mapeamento do ecossistema não seja feito corretamente, podemos descobrir no meio do caminho que a tecnologia e/ou as ferramentas usadas não podem ser utilizadas por aquela empresa por alguma questão específica. Todo o trabalho teria que ser refeito, bem como todo o planejamento técnico, impactando diretamente a data-alvo de lançamento do produto.

Hospedagem e domínio

Hospedagem e domínio são dois aspectos da plataforma que também precisam ser debatidos no início do projeto.

O domínio é o endereço do site, sua *URL*. No caso de uma marca, na maioria das vezes, estamos falando do nome da marca. Por exemplo: Nome da marca: Nike / Domínio: nike.com.br.

Parece um ponto óbvio, mas entender quais são os domínios que a marca possui pode ajudar bastante na hora de definir o nome do projeto. Isso porque é comum que uma grande empresa possua alguns nomes já registrados e atrelados ao seu negócio. Assim como verificar se um determinado domínio se encontra disponível também pode impactar em decisões estratégicas.

Ao registrarmos um domínio, também temos a possibilidade de explorar as variações possíveis de subdomínios. Algumas marcas utilizam isso em seus projetos:

https://sejarelevante.fdc.org.br/
"sejarelevante" é um subdomínio de *fdc.org.br*

https://negociosdebeleza.beautyfair.com.br/
"negociosdebeleza" é um subdomínio de b*eautyfair.com.br*

https://alemdaenergia.engie.com.br
"alemdaenergia" é um subdomínio de engie.com.br

Utilizar ou não o domínio principal da marca é uma questão que envolve prós e contras, tanto do ponto de vista técnico quanto estratégico.

Ok, já defini o nome do meu portal e decidi se vou usar, ou não, um subdomínio. E agora? Agora precisamos do lugar para onde esse endereço vai apontar, o endereço onde seu site vai ficar "guardado". Na verdade, onde ele vai ficar hospedado.

De forma resumida – prometi não entrar no "tecniquês" –, a hospedagem é o local onde o site fica armazenado. Trata-se de um ou mais servidores para onde o seu domínio irá apontar.

A governança sobre a hospedagem é um dos pilares que impacta na estabilidade de uma plataforma de *publishing* digital. Fatores como segurança, performance, manutenção e correção de problemas estão diretamente ligados à estrutura de servidores. Os responsáveis técnicos por esse aspecto devem estar claramente definidos desde o planejamento.

Todos os dias são encontradas novas brechas de segurança nas mais diversas aplicações e sistemas, e todos os dias são disponibilizadas atualizações para corrigir essas brechas. Manter o *core* do seu sistema sempre atualizado é uma das maneiras de mitigar possíveis invasões. Um processo muito burocrático para acessar os servidores pode fazer com que as atualizações da plataforma não ocorram com a frequência adequada ou que a atuação em caso de *bugs* seja muito lenta, gerando indisponibilidade do portal.

Arquitetura da informação

Bom, agora que nos alinhamos com os "chatos" da TI – vamos ser justos, não são tão chatos, são só muito metódicos – e resolvemos nossas questões de domínio e hospedagem, está na hora de falar sobre arquitetura da informação.

Mas afinal, o que é a tal da arquitetura da informação?

O termo foi cunhado em 1976 (bem antes da *WEB*) pelo arquiteto Richard Saul Wurman, em seu discurso no Instituto Americano de Conferência de Arquitetura. Wurman se referiu ao termo ao falar sobre o que ele chamava de "ansiedade de informação". Segundo o autor, o sentimento era provocado pelo excesso de informação desorganizada, o que dificulta a sua compreensão.

Aplicada ao nosso contexto digital, acho adequada a definição utilizada por Neil Patel, um dos maiores especialistas em produtos digitais do mundo, para explicar o termo: *"arquitetura da informação é um processo que compreende a organização de todos os elementos de uma página na internet, aplicativos e software de forma a favorecer a experiência do usuário, facilitando para ele localizar e consumir o conteúdo que deseja."*[1]

1 Disponível em https://neilpatel.com/br/blog/arquitetura-da-informacao/. Acesso em 16 de janeiro de 2024.

O processo de arquitetura da informação de uma plataforma de *publishing* abrange tanto aspectos técnicos quanto editoriais. O arquiteto responsável deve orquestrar a interação entre redatores, desenvolvedores e designers. A escolha do nome de uma categoria, por exemplo, parece ser um aspecto puramente editorial, mas questões de *SEO*, como a competitividade do termo no Google, devem ser consideradas.

Existem diversos "entregáveis" decorrentes de um projeto de arquitetura. Vou me ater aqui aos que julgo cruciais para uma boa plataforma de *publishing*.

Inventário de conteúdo

Trata-se do levantamento de todas as informações necessárias para o desenvolvimento do projeto, desde dados institucionais da marca até fontes de entrevistas internas e externas. Nesta etapa, listamos também possíveis tipos de conteúdo que teremos no site, como fotos, vídeos e infográficos, além de propriedades de conteúdo preexistentes da empresa, que podem ser migradas ou integradas ao portal.

Definição de volumetria

A quantidade prevista de conteúdo publicado diariamente pelo portal tem um impacto direto em alguns aspectos técnicos. Uma volumetria alta significa que teremos uma equipe com vários redatores utilizando o sistema ao mesmo tempo, e os servidores devem ser dimensionados para isso. As telas também devem ser desenhadas tendo em mente o volume de conteúdo projetado.

Categorias e *Tags*

As categorias e as *tags* fazem parte da "identidade editorial" do portal e são elementos importantes para a organização de conteúdo e para o anel de navegação. A definição das categorias e *tags* deve envolver aspectos como o posicionamento editorial escolhido para o *hub*, o tipo de conteúdo que será produzido e a competição de palavras-chaves para determinados termos.

Formatos

Antes de iniciar os primeiros esboços de telas, também precisamos de uma definição sobre os formatos de conteúdo que serão produzidos pelo portal. E algumas perguntas surgem: teremos conteúdo de vídeo, galeria de fotos, infográficos, *e-books*? Definir os tipos de conteúdo – e a volumetria esperada de cada um deles – é um passo necessário para o desenho de interfaces e da área administrativa do portal.

Wireframes

São ferramentas visuais que servem como um indicativo de *layout*. É um recurso utilizado para definirmos as estruturas de layout das páginas, indicar posição, colunagem e disposição dos elementos. *Wireframes* são como um esboço ou planta baixa do site, e são muito úteis para validação de ideias antes do *layout* final.

Ao desenharmos os *wireframes* é vital pensarmos nos diferentes *devices* e comportamentos dos usuários. É um erro comum "gastar" muito tempo pensando na *Home*, no formato *desktop* do portal – que de fato é uma tela importante –, mas não será a porta de entrada do site. Muitas vezes pensamos em um site como um livro ou revista que possuem uma ordem de leitura linear. Em portais de conteúdo, esse comportamento não se aplica. A porta de entrada do portal, na maioria das vezes, será uma notícia visualizada no celular. Essa tela será o primeiro contato da maior parte dos usuários com o seu produto, e não a *homepage*.

UI/Design

> *"Uma interface de usuário é o ponto de interação entre humanos e computadores. O design da interface do usuário é o processo de projetar a aparência e o comportamento dessas interfaces."*[2]

Neste ponto do projeto já passamos por todas as etapas de planejamento e arquitetura, e temos todos os elementos necessários para o desenho final das telas. A identidade visual do portal deve fazer uma conexão direta com a marca principal, mas o quanto da identidade da marca estará presente no *hub* é uma decisão estratégica que deve ser tomada no planejamento.

Quando desenhamos telas digitais, também precisamos pensar em alguns aspectos de *SEO*. Recursos de "linkagem" interna e acessibilidade são fatores de ranqueamento em mecanismos de busca e sua interface deve levar isso em consideração. Por exemplo: o algoritmo de avaliação do Google rebaixa páginas onde o texto possui pouco contraste para leitura ou em que os elementos clicáveis no *mobile* são muito pequenos e difíceis de serem tocados.

UX da porta para dentro

Faça com que o seu designer/arquiteto converse com a redação. Além das telas de navegação do portal, também precisamos pensar na usabilidade da área administrativa. Os redatores e editores são usuários do seu produto em um contexto específico que deve ser observado. Uma interface interna fácil e intuitiva irá proporcionar uma atualização mais dinâmica e facilitar o trabalho de "linkagem" interna realizado pelos redatores.

---

2 Disponível em www.uxdesigninstitute.com/blog/what-is-ui-design/. Acesso em 12 de janeiro de 2024.

CMS (Content Management System)

Depois de desenharmos todas as telas, precisamos implementar de fato o site, transformar estas telas estáticas em um portal de conteúdo, com uma área administrativa que possa ser gerenciada pelos editores sem qualquer conhecimento de código.

> *"Um sistema de gerenciamento de conteúdo (CMS) é um software que ajuda os usuários a criar, gerenciar e modificar o conteúdo de um site sem a necessidade de conhecimento técnico. Em outras palavras, um CMS permite que você construa um site sem precisar escrever código do zero (ou mesmo saber como codificar)."* [3]

Existem diversas soluções de CMS no mercado utilizando as mais diversas linguagens e tecnologias. A escolha do CMS utilizado deve ser realizada no início do projeto, por ser uma decisão importante que irá impactar todo o desenvolvimento e ciclo de vida do portal.

Gestão de uma plataforma de *Publishing*

Construir uma plataforma de *publishing* digital é só uma pequena parte do ciclo de vida desse produto – e é a parte mais divertida, diga-se de passagem. Manter essa plataforma constantemente atualizada e em evolução é tão ou mais importante do que construí-la de maneira adequada.

A gestão e evolução deste produto exige uma integração entre diversas áreas, conforme o site começa a receber audiência. É comum que os times de análise de métricas e a redação observem o comportamento dos usuários e tragam sugestões de melhorias. Essas evoluções

3 Disponível em kinsta.com/knowledgebase/content-management-system/. Acesso em 18 de janeiro de 2024.

devem ser cuidadosamente avaliadas, pois envolvem diversos fatores. Por exemplo: integrar uma nova ferramenta proposta pelo time de métricas pode trazer resultados incríveis, mas a mesma ferramenta pode gerar problemas de performance ou de segurança.

A gestão de produto deve garantir que a evolução seja consistente e não gere depreciação de pilares importantes, como *UX*, *SEO* e segurança.

Esta integração entre áreas e o processo de testes e melhorias constantes é importante na evolução do projeto. Depois de alguns meses, é muito comum que um projeto de *publishing* tenha novas ferramentas e funcionalidades.

Além dos novos recursos, também precisamos nos atentar aos processos básicos de manutenção do dia a dia. Manter uma plataforma de *publishing* necessita de manutenção diária e um time dedicado. Um site de conteúdo é um "organismo vivo", com atualizações constantes e uma área administrativa acessada diariamente por redatores e gestores de conteúdo responsáveis pela inserção e edição de textos, *upload* de fotos, vídeos e *PDFs*.

Esse processo constante de atualização exige um time técnico para dar suporte e orientação aos editores.

Este mesmo time também é responsável pela estabilidade técnica da plataforma, o que envolve a atualização de servidores e recursos técnicos da aplicação.

Conclusão

Brand Publishing é mais do que contar histórias envolventes, é proporcionar um ambiente seguro e confiável para estabelecer uma relação com a sua audiência; um espaço proprietário com coleta legítima de dados, projetado para proporcionar um engajamento real.

Construir e manter uma plataforma de *publishing* é tão importante quanto produzir e distribuir conteúdo. A plataforma deve ser uma das fortalezas do projeto e o seu pleno funcionamento vai além dos aspectos técnicos. Integração e gestão são essenciais.

Para ser um *Brand Publisher*, devemos dominar tanto o meio quanto a mensagem, e a plataforma é parte essencial do meio que carrega parte substancial da mensagem.

capítulo 10

Brand Publishing é "Strong News"

Nelson Valencio e Rodrigo Conceição Santos

Pela nossa experiência em jornalismo segmentado, o *brand publishing* tem uma dinâmica que não se encaixa na categorização de *Hard News versus Soft News*. Ele tem a peculiaridade de mesclar as duas classificações, criando uma vertente que tomamos a liberdade de chamar de *Strong News*. Em termos de produção, funciona como a prática do jornalismo segmentado, com a gestão afinada dos produtos de conteúdo patrocinados por uma marca.

Para quem, como nós, sempre atuou no jornalismo segmentado, o glamour da grande mídia nunca fez parte do show. Trabalhamos com uma segunda camada, com fontes técnicas – ou especializadas – e praticamos um jornalismo de bastidores. A maior parte das fontes são personagens menos midiáticos, mas não necessariamente menos importantes.

Os porta-vozes do jornalismo segmentado são quase sempre ligados à operação, detendo informações sobre processos e conhecendo de perto o funcionamento dos segmentos onde atuam. Um paralelo interessante é com a carreira do jornalista polonês Ryszard Kapuściński, cujas fontes foram, majoritariamente, personagens de bastidores.

Na rotina do jornalismo técnico não experimentamos os fechamentos sem hora para acabar, com as redações cobertas pela fumaça dos fumantes, um estereótipo da grande imprensa. Talvez não haja mais espaço para isso nem mesmo no dia a dia das redações atuais da mídia *mainstream*.

Nosso aprendizado – e estamos falando de um conhecimento empírico – nos leva a pontuar que o jornalismo segmentado que temos aplicado há mais de 20 anos se harmoniza com o conceito de *brand publishing*.

Com uma gestão operacional refinada, além da defesa clara de responsabilidade social (ajudar marcas a se tornarem *publishers* relevantes para a sociedade), o casamento do *brand publishing* com o *modus operandi* do jornalismo técnico é promissor. Usamos as ferramentas tradicionais da reportagem segmentada, sem a demanda da publicação imediata da notícia. Essa produção ganha força, torna-se *strong*.

No processo de produção de conteúdo do *brand publishing*, mesclamos a produção de matérias originais (*hero*), didáticas (*help*) e curadorias (*hub*). Esse equilíbrio garante constância, para que um conjunto de publicações sobre determinado tema seja formado e estabeleça a autoridade do *hub* de conteúdo sobre os assuntos nos quais a marca é referência.

Mais do que o ineditismo ou a rapidez de publicação, portanto, o *brand publishing* busca consistência.

Diferente das mídias tradicionais, essa disciplina não tem a missão de ser *Hard News*. Dada a sua gestão operacional, que é alinhada à vigilância das marcas e tem base no histórico do jornalismo segmentado, o que produzimos é mais *Strong* do que *Hard*.

DNA do *Strong News*

A nossa metodologia de *Strong News* tem um DNA de várias indústrias, desde telecomunicações à construção, passando por energia e mineração. É um histórico que também reúne personagens como o engenheiro Hugo Ribas Branco, ex-major da engenharia do exército que depois participou da construção de Itaipu e encerrou a carreira como executivo da Sobratema, associação do setor de infraestrutura que publica a revista e o site M&T.

É de Ribas uma observação que explica por que o jornalismo técnico é base para a *Strong News*:

> *"Os engenheiros conhecem muito mais do que vocês sobre esses assuntos. Ocorre que eles não conseguem colocar o que conhecem no papel, porque para eles tudo é muito importante. Vocês [jornalistas] conseguem resumir e explicar coisas complicadas em poucas páginas. É uma virtude."*

Para se chegar a essa virtude, no entanto, os bons jornalistas técnicos usam vários mecanismos de segurança. Hoje é comum gravar toda e qualquer entrevista, mas o recurso não resolve a falta de conhecimento básico do assunto sobre o qual se está falando. Jornalistas de veículos especializados sempre estudam seus mercados. Isso permite roteirizar uma boa entrevista, algumas vezes até adiantando questões. O resultado é um bom texto, combinado com precisão.

A mesma dinâmica temos aplicado no *Strong News* do *brand publishing*. Não procuramos o furo, mas a densidade. E isso envolve algumas camadas de checagem dupla, inclusive com a participação ativa do profissional de comunicação da empresa detentora do *hub* de conteúdo. É uma postura pró-indústria? Sim.

O jornalismo segmentado é pró-indústria

É preciso estabelecer que o posicionamento pró-indústria nada tem a ver com "jornalismo chapa-branca" ou algo do tipo.

Pelo contrário: o jornalismo segmentado em mercados *B2B* é balizado em preceitos de responsabilidade econômica e social que, por vezes, faltou à grande mídia, a levando a ser menos creditada do que ONGs e empresas perante a sociedade *(Edelman Trust Barometer, em 2023[1])*.

Antes de avançarmos, é interessante uma parada para entender o que foi o principal meio desse tipo de jornalismo: as revistas técnicas impressas para públicos dirigidos e, antes delas, o mercado geral de revistas. Um gráfico icônico do Financial Times mostra que a relevância das revistas nos aportes publicitários globais chegou próximo a zero em 2016.

Porém, dos anos 1950 a até os primeiros anos deste século, o mercado de mídias segmentadas seguiu essa dinâmica, com poucas variações além das revistas impressas de circulação dirigida. A internet e o *smartphone*, depois, impulsionaram o surgimento de portais de notícias, muitos ainda sob um modelo econômico e operacional semelhante ao das revistas impressas e com dificuldades para perdurar.

Desde a era das revistas, contudo, o jornalismo setorial construiu um protagonismo e um *modus operandi* relevante para a sociedade. Em alguns casos, o sucesso foi tamanho a ponto de as mídias segmentadas tornarem-se mais importantes do que a imprensa *mainstream*. No setor de TI e telecomunicações, por exemplo, isto era nítido no final dos anos de 1990 e início dos anos 2000.

Em sua maioria, essas mídias praticaram jornalismo pró-indústria, no sentido de apresentar tecnologias, tendências e negócios que ajudaram nas tomadas de decisões técnicas e executivas das corporações.

Em outros casos, as mídias setoriais extrapolaram, chegando a servir de consultoria de mercado, ou mesmo como meio de venda de ativos físicos. Foi o caso da revista Elektor, surgida no início dos anos 1960, que segue ativa internacionalmente, mas deixou de ser publicada no Brasil em 2012.

---

1 EDELMAN, Trust Barometer 2023 Edelman. Disponível em: https://www.edelman.com.br/edelman-trust-barometer-2023

O jornalista Fernando Gaio dirigiu editorialmente a publicação em sua segunda fase e lembra que os projetos apresentados pela Elektor eram criados em laboratório, na Holanda, e testados e aprovados com até um ano de antecedência. Quando publicados, além dos textos explicativos, levavam a imagem, em tamanho real, das placas de circuito integrado dos projetos.

"Com o tempo, as placas ficaram tão complexas que se tornou mandatório vendê-las prontas, o que gerou receitas adicionais para a editora", resgata Gaio.

No mercado de tecnologia, várias mídias enveredaram para questões regulatórias e governamentais, o que talvez explique o protagonismo que assumiram no início do século.

A cobertura setorial de TI e comunicações no Brasil começou no final dos anos 1960, sendo o jornalista Ethevaldo Siqueira, à época repórter do jornal O Estado de S. Paulo, um expoente, ao ser destacado para cobrir o então novo órgão público, como relatou o *hub* de conteúdo "Próximo Nível", da Embratel, na ocasião da morte de Siqueira, em outubro de 2022:

> *"Ethevaldo foi o primeiro repórter brasileiro destacado exclusivamente para cobrir assuntos de telecomunicações, na criação do Conselho Nacional de Telecomunicações (Contel), em 1968**. Na época, ele era repórter do jornal O Estado de S.Paulo, onde depois também foi repórter especial, editor, colunista e blogueiro durante 45 anos, consolidando um nicho de cobertura jornalística até então novo no país."*

No setor de mineração, as mídias também aprofundaram conhecimento regulatório, mas mantiveram a cobertura tecnológica que, muitas vezes, despontaram como respostas relevantes a problemas estruturais do setor.

Francisco Alves e Wilson Bigarelli são dois *publishers* desse setor. O primeiro lançou a revista Brasil Mineral, que completou 40 anos de atuação em 2023. Como poucas mídias setoriais, a Brasil Mineral fez uma transição digital completa, estabelecendo metodologias seguras de produção, distribuição e gestão de conteúdo, além de uma gestão contínua da plataforma de publicação. Hoje, ela lidera os índices de audiência do segmento, de acordo com a Similar Web.

Chico, como é conhecido no setor, resume que o jornalismo segmentado digital é mais desafiador que o jornalismo segmentado impresso. Ele elenca razões como a agilidade, pois as matérias têm de ser apuradas e redigidas mais rapidamente, sob risco de perderem o *timing*. "Também é necessário maior poder de síntese, porque o meio digital não comporta matérias demasiadamente longas, com detalhes irrelevantes, que não prendem o leitor. Ao mesmo tempo, requer maior acuidade na abordagem dos assuntos, porque, como mídia segmentada, não pode ter a superficialidade das matérias de caráter geral".

Bigarelli, por sua vez, fundou a revista InTheMine em 2004, mas antes disso já era protagonista na mídia setorial de mineração. Começou a carreira em revistas especializadas em transportes, todas com equipes de jornalistas egressos da área de publicações técnicas da Editora Abril. Em 1991, foi contratado como repórter e, logo depois, como editor de publicações segmentadas.

Ainda nos anos 1990 ele empreendeu com uma empresa individual, dedicada a prestar serviços para editoras especializadas e também para marcas que detinham publicações próprias. Guardado o contexto da época, Bigarelli atuou com marcas que se propuseram a ser *publishers* em seus segmentos ainda com a mídia impressa. Foi o caso da Bauko, distribuidora da multinacional japonesa Komatsu.

Outras marcas desse setor atuaram como *publishers* por meio de revistas impressas editadas por jornalistas especializados no Brasil.

É o caso da Caterpillar, com a revista Elo, e da BMC-Hyundai, com a revista Construtiva.

Assim como as suas matriarcas – que foram as mídias de propriedade de editoras – essas publicações assinadas pelas marcas costumavam focar em tecnologias e operação de seus equipamentos pesados fora-de-estrada. Elas também detalhavam a operação deles nas obras rodoviárias, ferroviárias, de hidrelétricas e saneamento básico, ajudando a engenharia brasileira a evoluir e a galgar os mais altos degraus mundiais. A Odebrecht, por exemplo, chegou a ser a sexta maior empresa de engenharia do mundo.

Na construção civil, duas vertentes de mídias predominaram desde os anos 1960. A primeira é voltada à arquitetura e à engenharia civil, com a liderança editorial a cargo da editora Pini, que detém os títulos Arquitetura e Urbanismo e Techné. A outra vertente está ligada às grandes obras e teve o último pico no início dos anos 2000, seguindo até a crise de 2015, quando o cenário de infraestrutura – e das grandes construtoras – foi paralisado pela operação Lava Jato.

Em modelo de revista, O Empreiteiro foi pioneiro na cobertura setorial de grandes construções. Mas, antes disso, o Jornal dos Construtores já se dedicava ao segmento, conforme o jornalista e publicitário Marcus Cassawara, que dirige a publicação desde 1988. Dez anos depois, em 1998, ele se rendeu à então popularidade dos modelos de revistas, e converteu a publicação Jornal dos Construtores na Construtores em Revista, título que segue sendo publicado.

A Construtores (como é conhecida), a M&T, O Empreiteiro e outras publicações desse setor estão em transição para um modelo digital, mantendo sites ativos, que combinam uma cobertura diária *soft news* e a edição eletrônica da revista, com matérias mais densas.

Do outro lado do balcão, é interessante a opinião de Enio Campoi, pioneiro das relações públicas e institucionais para mercados

B2B no Brasil. Fundador da cinquentenária Mecânica Comunicação Estratégica, ele conclui que o jornalismo segmentado teve relevância crucial no desenvolvimento do país ao longo dos anos, inclusive, ao trazer do exterior informações de empresas que estiveram interessadas em nossos mercados.

"Hoje, novamente, o jornalismo para públicos *B2B* assume grande importância, pois estamos vivendo uma nova rota de industrialização (baseada na transição energética) e o país precisa desse intercâmbio de informações amplas e confiáveis, que esse tipo de jornalismo é capaz de oferecer", diz.

Qualidade intrínseca das *Strong News*

No jornalismo segmentado, a precisão é uma característica-chave, o que explica práticas como as conferências adicionais ou dupla checagem, que ampliam a confiabilidade da informação. E tudo isso sob o propósito de contribuir com o desenvolvimento do país e da sociedade.

A operação mais enxuta – com jornalistas empreendedores à frente dos projetos – resulta em redações, departamentos comerciais e estruturas gerais menores, otimizando a gestão.

Nossa experiência mostra que, quando aplicamos essa subcultura do jornalismo técnico para operar *hubs* de conteúdo de marcas, construímos *Strong News*. A bagagem responsável do jornalismo segmentado, sob a gestão do *brand publishing*, portanto, tem encurtado o caminho para a construção de um cenário peculiar e de bons resultados. É o caso da conquista do Prêmio Aberje 2023 pelo *hub* de conteúdo da Embratel, o "Próximo Nível".

No mesmo *hub* da Embratel, uma entrevista com Demi Getschko, um dos precursores da internet brasileira, em outubro de 2022, mostra que a *Strong News* do *brand publishing* também está relacionada à profundidade dos conteúdos. A entrevista é um sobrevoo sobre a privacidade e a segurança na internet, e o papel central disso na sociedade, inclusive para suportar a concentração urbana prevista para as próximas décadas.

Getschko, que foi o primeiro brasileiro incluído no "Hall da Fama da internet", consegue defender o combate à desinformação, colocando a *web* 3.0 e a *blockchain* como um caminho interessante nesse sentido, ao mesmo tempo em que fundamenta conceitos genuínos da internet, com a Lei de Postel, a favor da sua autorregulação: "para que a internet cresça e funcione, precisamos ser conservadores no que fazemos e liberais no que aceitamos". Ainda hoje a regulação da internet e das redes sociais é assunto complexo, para o qual governos do mundo todo buscam – e não encontram – soluções.

Outro *hub* de *brand publishing*, o "Prato do Amanhã", da Marfrig, traz entrevistas com profissionais de alto gabarito tratando responsavelmente de grandes temas da sociedade.

O uruguaio Walter Baethgen é pesquisador sênior da Universidade de Columbia, nos Estados Unidos, e uma das autoridades intelectuais globais sobre as mudanças climáticas. A sua entrevista para o "Prato do Amanhã" em 2022 foi como um obelisco na antiga Babilônia, ao explicar conceitos centrais para a sequência da cobertura editorial focada na sustentabilidade da agropecuária e demais sistemas alimentares.

Baethgen disse: "O mundo vai chegar a 8 bilhões de habitantes, sendo que 10% disso (800 milhões de pessoas) dormem com fome todos os dias. Em contraponto, há 2 bilhões de pessoas com sobrepeso, além de mais 1 bilhão com obesidade. Ou seja, temos, pela primeira vez na história humana, mais gente com problema de saúde por uma nutrição não adequada (diabetes, pressão arterial etc.) do que por subnutrição. Somando os subnutridos e os nutridos inadequadamente, temos praticamente a metade da população mundial com problema de alimentação".

Baethgen esclareceu a importância de se tratar dos sistemas alimentares como parte fundamental do ESG, o que inclui o combate às mudanças climáticas, sim, mas tendo o ajuste social da humanidade no centro dessa missão. Em outras palavras, garantir a alimentação adequada às pessoas é tão nobre quanto evitar a emissão de gases de efeito estufa. Mais ainda – e a partir desse entendimento –, é possível melhorar a segurança alimentar reduzindo as emissões.

A qualidade editorial do "Prato do Amanhã" evoluiu desde então, sendo que um dos quatro pilares de conteúdo com destaque na *home page* é dedicado à alimentação.

Uma linha editorial completa não é estabelecida apenas a partir de um conteúdo em mercados *B2B*. Entrevistados como Getschko e Baethgen ajudam muito nesse processo, mas eles são parte de uma história que ainda está sendo contada. É por isso que formatamos pilares de conteúdo, organizados de forma semântica no *brand publishing*.

No "Além da Energia", da ENGIE, há mais de 80 matérias que advogam a favor das usinas hidrelétricas, por exemplo. As entrevistas, curadorias, matérias didáticas e *podcasts* sobre o tema são publicados desde 2020. Dada a complexidade do assunto, somente um conjunto de matérias é capaz de transmitir – de forma responsável e constante – a mensagem defendida pelo *hub* de conteúdo na sua amplitude.

Parte das matérias que não são dedicadas ao *advocacy* de hidrelétricas também tratam do tema, que foi intrinsecamente implementado na redação, para transmitir a visão holística de que a transição energética depende de todas as soluções disponíveis, o que, naturalmente, inclui as hidrelétricas. E mais: além de serem renováveis, têm tecnologia segura e amplamente desenvolvida.

A geração de energia por hidrelétrica também costuma ser mais barata do que a de outras fontes. Além disso, é confiável e consistente, atributos fundamentais para garantir o fornecimento de energia ininterruptamente, diferente da energia solar e eólica, que são intermitentes.

Muitos dos entrevistados e articulistas, além de curadorias sobre o tema, dizem que as hidrelétricas são a bateria do Sistema Interligado Nacional, no sentido de que são elas que geram energia continuamente.

O *brand publishing* não é *hard news*, como já afirmamos, mas, ao operar sobre as práticas editoriais do jornalismo, não é incomum que os *hubs* de conteúdo de marcas publiquem conteúdos inéditos.

Em fevereiro de 2022, o professor Paulo Vicente Alves concedeu entrevista para o *hub* "Seja Relevante", da Fundação Dom Cabral, sobre os possíveis desdobramentos da tensão que havia até então entre a Rússia e a Ucrânia. Como grande cenarista que é, Paulo Vicente disse que poderia eclodir uma guerra, e explicava o que ela representava. A matéria estava pronta, com a devida revisão da fonte e com todos os demais processos de edição e aplicações de conteúdo, como ocorre em todas as publicações de *brand publishing*.

No dia 24 de fevereiro, a guerra foi oficializada e foi quando nós também publicamos a matéria. Foi uma das primeiras publicações de cunho analítico publicadas a respeito, e logo a equipe de distribuição do *hub* se alinhou para que o conteúdo chegasse ao maior número possível de interessados.

Essa matéria teve mais de 120 mil acessos e é a campeã de audiência do "Seja Relevante". Mais ainda, ela abriu as portas para a produção de outras matérias sobre o tema, tornando a guerra da Rússia com a Ucrânia um dos pilares de conteúdo do *hub* em 2022.

Enquanto os pilares de conteúdo asseguram qualitativamente os *hubs*, as métricas de mídia digital confirmam o sucesso quantitativo do modelo: numa análise diária, a Barões Brand Publishing acompanha o ranking dos *hubs* de conteúdo que produz em relação à mídia digital segmentada.

O monitoramento mostra que *hubs* como o "Além da Energia", o "Prato do Amanhã", o "Próximo Nível" e o "Seja Relevante" estão entre os top 5 de seus segmentos editoriais, competindo cabeça a cabeça com veículos tradicionais, alguns deles com décadas de existência, e outros *publishers* de marcas.

Acreditamos que, no futuro próximo, as *Strong News* do *brand publishing* terão cada vez mais sinergia com as mídias segmentadas de mercado. Parte desse processo já está em andamento, com integrações editoriais que permitem a troca de conteúdos entre veículos segmentados e os *hubs* de conteúdo das marcas *publishers*.

Em breve, devemos avançar para produções conjuntas, ampliando, inclusive, as margens de receitas publieditoriais das mídias de mercado e confirmando a qualidade intrínseca das *Strong News*.

capítulo 11

Distribuição e dados: da construção da audiência ao tratamento de dados proprietários

Bruno Costa

A etapa mais importante em um projeto de *brand publishing* é a distribuição. Em um momento de profusão de conteúdos publicados por amigos, familiares, empresas concorrentes, veículos de imprensa e, mais recentemente, por robôs, o que faz o conteúdo da sua marca chegar até a audiência? Justamente ela: a estratégia para distribuí-los. Já sabemos que o *brand publishing* não trata de um *flight* ou uma campanha publicitária. É um programa contínuo de publicação e distribuição de conteúdos sobre determinado conjunto de assuntos, para construir reputação, autoridade e negócios em prol de uma marca. De nada adianta ter uma plataforma e uma produção editorial consistente e de qualidade, se não existir uma estratégia de distribuição objetiva.

Essa engrenagem, quando completa e funcional, é responsável por construir – e mais do que isso – **esculpir** a audiência para o portal editorial. Tal como uma obra de arte talhada, a audiência pode ser construída em torno dos objetivos estratégicos e desejados pela marca. A estratégia de distribuição do *brand publishing* reduz o fator de aleatoriedade normalmente encontrado em outros veículos e mídias, onde os impactos a qualquer custo e a viralização se sobrepõem ao controle e qualidade da audiência. Estamos falando de uma transição da distribuição "*spray and pray*" (espalhe e reze) de outrora, para a distribuição contínua, dinâmica e interativa. A distribuição com controle e maximização da otimização. A distribuição que utiliza dados para sustentar o resultado através de um engajamento real.

Houve um período na indústria digital em que as táticas de construir audiências massivas rapidamente eram mais importantes do que a conexão real entre marca e consumidor. Agora, quando a bigorna da realidade enfim impôs que nutrir relações rasas com as audiências não se sustenta mais, aprender como desenvolver relacionamentos mais profundos e de mais intimidade com os consumidores é uma progressão natural e inevitável.

Quando a marca investe em uma estratégia de produção de conteúdo e ignora a distribuição do mesmo, ela está pensando no modelo antigo, onde os canais de distribuição eram menos diversificados e já faziam parte da rotina do leitor: a TV, o rádio, a banca de jornal. O século XX ficou para trás e os canais que antes imperavam sofreram uma mudança absoluta com a chegada da internet móvel em escala. O *smartphone* passa a ser um grande controle remoto de conteúdos, onde o leitor tem total domínio de escolha sobre o que (e onde) consumir.

A internet móvel coloca à disposição das marcas centenas de milhares de leitores adicionais, que antes não tinham o hábito de consumir conteúdo (os jornais atingiam apenas 6% da população brasileira em seu auge de circulação nos anos 90). Essa nova demanda, convenhamos, não está ávida para consumir **anúncios** das marcas. Pesquisa recente nos Estados Unidos indicou que 59% dos consumidores dizem considerar o conteúdo (editorial) de marca mais interessante do que comerciais ou publicidade. Além disso, 71% afirmam que conteúdos interessantes de uma marca os faz confiar mais nela, e 65% dizem que compartilhariam conteúdo de marca com amigos ou familiares.

A marca que domina de forma integral o meio (distribuição) e a mensagem (conteúdo) com a metodologia dos *publishers* consegue ativar a engrenagem da comunicação editorial com eficiência, atraindo para si um público que a respeita, agradece, retorna, consome e recomenda.

A combinação das diferentes estratégias de distribuição aumenta a vida útil dos conteúdos

O brasileiro passa grande parte do seu tempo em redes sociais, *apps* de conversa, mecanismos de busca e e-mails. Seja consumindo conteúdo informativo, de entretenimento ou mesmo transacional, ele certamente dispõe de algumas horas do seu dia em um desses canais. Em média, o brasileiro desbloqueia a tela de seu celular 150 vezes por dia. Sim, é bastante coisa. Seja lá qual for a motivação, o desafio das marcas é se inserir nesses micromomentos, de preferência de forma intencional.

O conteúdo produzido pela marca – contanto que tenha passado por um planejamento editorial sério e que faça sentido de ser redigido e publicado por ela –, precisa ser distribuído em alguns canais. De que adianta uma belíssima peça de conteúdo envelhecer em uma prateleira digital? De que vale tanto esforço de apuração e produção? Para o investimento não ser inócuo, é fundamental que esse passo adicional seja dado. A montanha definitivamente não irá à Maomé.

A distribuição, portanto, deve contemplar a combinação de diferentes tipos de estratégia orgânica (em mecanismos de busca, redes sociais e e-mail) e paga (redes sociais, mecanismos de busca, recomendação de conteúdo, *native* e *display ads* e até mesmo *branded content*).

Começando pela estratégia orgânica, parte do conteúdo do *brand publishing* é desenvolvido com foco em mecanismos de busca. E quando falamos nisso, leia-se "com foco em uma pessoa que utiliza um mecanismo de busca". Segundo estudo da SEMrush, mais de 63%

das buscas no Brasil são informacionais. Portanto, publicar conteúdos de qualidade e de forma consistente é de fato uma oportunidade única para as marcas atraírem a atenção na *web*.

NÚMERO DE PALAVRAS-CHAVE POR INTENÇÃO DE BUSCA

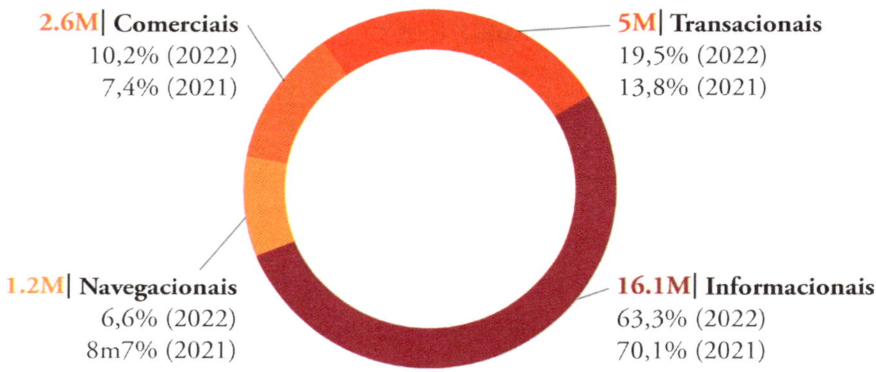

Fonte: Semrush

Após certo tempo, o portal passa a ser indexado no Google, sendo reconhecido como referência editorial em seu território semântico, atraindo milhares de usuários todos os meses.

Também é importante falarmos sobre a diferença entre as buscas "*branded*" e as "*non-branded*". As buscas *branded* geralmente são as que dominam os acessos aos sites institucionais das marcas. O nome da marca está presente nas buscas. Alguns exemplos: "trabalhe conosco engie", "vagas *trainee* coca-cola" ou "dividendos petrobras".

Já as buscas "*non-branded*" não citam a marca e, na estratégia de *brand publishing*, são bastante importantes, uma vez que atraem as pessoas que estão interessadas no que você tem a oferecer, mesmo que ainda não conheçam o nome da sua marca.

Através do tráfego sem marca, você alcança novos públicos que ainda não conhecem sua marca. Essa é uma oportunidade crucial para aumentar o reconhecimento e a base de clientes, expandindo significativamente seu alcance.

Ao aumentar o tráfego sem marca, você se torna menos dependente da marca para atrair visitantes. Essa estratégia garante um fluxo constante de tráfego e protege seu negócio contra flutuações relacionadas à reputação e *awareness*.

Quando o orgânico se encontra com a distribuição paga

Em paralelo, a estratégia paga permite uma extensão da vida útil do conteúdo, pois é estrategicamente impulsionada para públicos novos todos os dias. A distribuição de conteúdo impulsionado, também conhecido como "*media content*", é uma disciplina nova e dominá-la representa um diferencial para as marcas, pois permite que sua produção editorial seja distribuída de forma estratégica, para os públicos corretos nos diversos momentos de interação. A empresa consegue direcionar sua visibilidade e esculpir a audiência no tamanho e formato desejados, com total controle e maximização de resultados.

Fonte: Barões Brand Publishing

Quando uma marca passa a publicar e distribuir conteúdos (pago e orgânico), começa a formar uma comunidade de pessoas que passam a enxergar o conteúdo como serviço, criando *awareness* e fixando sua reputação como líder editorial em seu mercado.

A marca *publisher* deve ter como ambição natural atingir a liderança de audiência entre seus pares, que não necessariamente são concorrentes diretos em termos mercadológicos e comerciais, mas *players* que cobrem o território editorial da marca. A empresa possui maior domínio sobre os assuntos abordados, mais capacidade para desenvolver relacionamentos via conteúdo e maior *punch* de investimentos para forjar e construir sua comunidade de leitores.

Essa mesma comunidade habilita a marca a gerar os fundamentais **dados proprietários**.

Dados proprietários: uma vantagem competitiva para as marcas

Marshall McLuhan tem uma frase famosa, adaptada de uma citação do poeta T.S. Eliot, que diz que "o conteúdo é o suculento pedaço de carne usado pelo ladrão para distrair o cão de guarda da mente". Essa referência sempre me chama a atenção – primeiro por ter sido publicada em 1964 e ainda permanecer atual, e segundo pois, quando falamos de guarda e ladrão, há algo de valor envolvido.

Sabemos os efeitos diretos do marketing sobre as empresas, o processo competitivo entre produtos, serviços e o conjunto da economia e da vida nacional. O impacto do investimento em comunicação é, obviamente, muito maior do que o valor de face de cada estratégia utilizada pelas empresas, pois promove uma cascata de estímulos em uma grande cadeia de instituições, meios e pessoas.

Apesar de estudos feitos por consultorias e associações para tentar calcular o real impacto do marketing no PIB, nesse momento estamos bem próximos de tangibilizar o que há de tão valioso ao ponto de necessitar de um cão de guarda, ainda que conceitualmente possa ser distraído por um "pedaço suculento de conteúdo". Estamos falando de dados proprietários.

Novas leis de privacidade devolvem o poder dos dados pessoais às pessoas. Isso abre novas possibilidades de comunicação entre marcas e consumidores. Um caminho mais direto, com menos intermediação, relações mais transparentes e abertas, construídas com responsabilidade, mas que possibilitam um contato mais próximo. Ao mesmo passo, as *Big Techs* entendem que para aumentar e consolidar seus lucros, é preciso garantir uma *web* que respeita o usuário, em um ambiente mais transparente.

Esse encontro técnico-regulatório é inédito na história do marketing. As leis de proteção aos dados pessoais evoluem no mundo (LGPD, GDPR, CCPA e outras) enquanto os grandes *players* se preparam para abolir os funcionais, mas antigos *cookies* – arquivos de texto inseridos nos *devices* para lembrar informações básicas de navegação em nome de uma visita futura mais rápida (para quem usou a internet discada, fazia uma baita diferença).

O problema dos *cookies* é que começaram a armazenar grandes volumes de informação dos usuários, como produtos pesquisados e sites navegados: rastros digitais em forma de farelos. E esses farelos de *cookies* passaram a ser comercializados em verdadeiros 'camelódromos digitais' (DSPs), sem qualquer conhecimento do principal personagem envolvido: o dono daquele dado.

Quando entramos em um portal de notícias e nos deparamos com um anúncio de algo bem específico que pesquisamos em um *e-commerce*, esse *cookie* não é do portal de notícias. Logo, não é um dado primário. A rede de publicidade capturou uma informação pessoal no *e-commerce* e disponibilizou para um anunciante comprar, exibindo seu produto em outro site. Ganha o *e-commerce* – que divulga o produto para alguém interessado; ganha o portal de notícias, que veicula um anúncio com maiores chances de cliques e ganha a *adtech* que criou o sistema que conecta essas duas pontas. Reparem como o usuário, o personagem sem o qual nada disso seria possível, não participa dessa feira.

As mudanças tecnorregulatórias alteram radicalmente a relação desequilibrada entre marcas e consumidores, impondo novos deveres às marcas e garantindo novos direitos aos consumidores. E é aí que entra o *Brand Publishing* como estratégia de coleta de dados legítimos, em *compliance* com as novas leis e também com o cenário de restrição de *cookies* que não são proprietários (*cookieless world*).

Os dados proprietários são definidos como aqueles coletados diretamente de consumidores e audiências para uso próprio. Ou seja, a marca estabelece uma relação direta com pessoas, inclusive sendo necessário que o ambiente onde o dado é coletado pertença de fato à marca. Isso já exclui, por exemplo, projetos de *branded content*, onde a marca explora seu conteúdo em um veículo já existente, que obviamente não pertence a ela.

O *Brand Publishing* e sua arquitetura de dados proprietários

O *Brand Publishing* é uma mídia proprietária da marca. Ela tecnicamente tem o direito, salvo todos os deveres legais, de explorar tudo o que acontece no ambiente. *Own the strategy, own the content, own the data.*

Ao falar em dados proprietários, cabe explicar a diferença entre os tipos de dados:

TIPO DE DADO	PROPRIETÁRIO?	DESCRIÇÃO	EXEMPLO
Third-party data	Não	Dados coletados de fontes externas à empresa.	Dados de comportamento do usuário coletados por redes de publicidade ou mídias sociais.
Second-party data	Não	Dados coletados por uma empresa parceira são compartilhados com a empresa.	Dados de comportamento do usuário coletados por uma rede social e compartilhados com um loja de varejo.
First-party data	Sim	Dados coletados pela própria empresa.	Dados de comportamento do usuário coletados através de ferramentas de *Web Analytics*.
Zero-party data	Sim	Dados fornecidos voluntariamente pelo usuário à empresa.	Dados pessoais fornecidos pelo usuário ao preencher um formulário ou responder a uma pesquisa.

Fonte: Barões Brand Publishing

Os dados *Second* e *Third-party* não são proprietários, em contraste com os dados *First* e *Zero-party*. Quanto mais proprietário, mais valioso é o dado para a marca. Eles são mais raros, confiáveis e precisos. Por isso, considerados de alta qualidade e confiabilidade. As empresas que investem na coleta e análise de dados proprietários estão investindo em seu futuro.

O *brand publishing* é uma fonte de dados proprietários, com o diferencial de serem gerados a partir de uma relação genuína de consumo de conteúdo, em vez de outros estímulos menos orgânicos (ex.: ações promocionais) ou passivos, como vídeos. O investidor e empresário Naval Ravikant descreveu as vantagens do formato texto dessa forma: "O texto é preciso, compacto, indexável, transmissível, traduzível, assíncrono e de rápida absorção. Pessoas inteligentes e ocupadas preferem texto." Os dados capturados a partir de conteúdo em texto já passam por um filtro de qualidade natural, uma vez que são gerados por pessoas que estão interessadas em aprender e crescer, e que se dedicam a ler e refletir sobre o que leem. *Bons leitores são bons compradores.*

Nesse novo cenário, fica claro que as empresas que têm uma estratégia de captura de dados proprietários obtêm vantagem competitiva em relação àquelas que dependem de dados de terceiros. O estudo "The state of direct brand engagement", realizado pela Digiday em 2020 com 111 anunciantes mostra que após o anúncio do fim dos *cookies* de terceiros, eles planejam recorrer a um conjunto familiar de táticas de engajamento para capturar *cookies* proprietários – sobretudo aquelas que foram aprimoradas por *publishers* digitais de sucesso, como pesquisas e questionários, assinatura de *newsletter* e *signwall*. O estudo também aponta que a principal barreira para captura de dados proprietários pelas marcas é a preocupação de ainda não serem capazes de replicar as habilidades que os *publishers* possuem ao criar conteúdos que geram apelo para a audiência. Pois então, será que existe uma estratégia de comunicação que combine as habilidades de *publishers*, porém em favor das marcas?!

Os dados do *brand publishing* permitem que as marcas entendam melhor seus públicos, identificando seus interesses, comportamentos e necessidades. É possível extrair informações demográficas, geográficas, de comportamento e engajamento com o portal, além de assuntos de interesse. Em um portal de marca com 10 editorias, podemos organizar grupos de audiência, separando os assuntos, locais, e o quanto o leitor se engajou com aquele conteúdo. Essa separação, ainda que estejamos falando de dados anonimizados (ou seja, audiência não logada), podem ser utilizados para refinar a estratégia de distribuição do próprio *hub*, através de *retargeting* e *lookalike*, permitindo que a audiência seja construída e esculpida, gerando mais dados. A marca pode imprimir seus conteúdos para usuários que ela sabe previamente – através dos dados – possuir interesse neles.

O *lookalike* é uma forma avançada de alcançar pessoas dentro de um padrão identificado com dados proprietários. Imagine que temos 10 mil pessoas identificadas como "interessados em transição energética". Nesse grupo temos *cookies* proprietários colhidos em um portal de *brand publishing*, de pessoas que passaram por matérias do tema e engajaram acima da média (rolaram a página até o final ou permaneceram por mais tempo que os demais). Este grupo de 10.000 pessoas, ainda que não saibamos exatamente quem são, servirá de base para encontrarmos 1.000.000 de outras pessoas com propensão de interesse em transição energética. Reparem o potencial que temos de segmentação para campanhas de marketing: um *hub* com dezenas de editorias e públicos segmentados prontos para serem ativados. Um diferencial que só quem é *brand publisher* possui.

Os dados *first-party* podem servir de base para uma estratégia de aquisição de dados *zero-party* – que são os dados declarados pelos usuários, ou aqueles que exigem uma ação mecânica da pessoa, como preencher um formulário, um quiz, uma pesquisa e outros formatos interativos, onde o usuário cede suas informações em troca do conteúdo.

Um dos *cases* mais emblemáticos da Barões sobre *zero-party data* foi com o QuintoAndar. Publicamos no *hub* "MeuLugar" um quiz interativo "Para qual cidade você deve se mudar em 2020?". Tratava-se de um conteúdo onde a pessoa respondia algumas perguntas e a ferramenta finalizava com uma sugestão de cidade de acordo com as respostas dadas. O questionário foi uma ótima maneira de coletar dados interessantes do usuário. Ao receber as respostas às perguntas do quiz, o QuintoAndar ficou a par do comportamento do usuário, de suas preferências, escolhas e opiniões.

Com uma estratégia de distribuição que utilizou *first-party data* (o quiz foi impulsionado para o público mais quente e que já havia interagido com outros formatos interativos), alcançamos 134 mil visitas e 64 mil *leads* – uma conversão de 48%. Essa segmentação também ajudou a reduzir o custo por clique, que ficou inferior a R$0,10.

Muitas marcas pensam em pular etapas da captura de dados, já mirando em *zero-party data* (cadastros, *leads*, formulários, *e-books*), mas pela experiência da Barões, a marca deve primeiro focar em *first-party data* (*cookies* e dados de audiência não logada), que em um projeto de *Brand Publishing* é muito abundante. A partir desses dados, e com as técnicas e estratégias de segmentação corretas, é possível coletar *zero-party data* com mais precisão e um custo menor.

Os principais relatórios de tendências do marketing apontam para a aquisição de *first-party data* como um diferencial de negócio para as empresas. O *Brand Publishing* ajuda a marca a instalar uma rotina de captura e tratamento de dados próprios, alimentando *CDPs (customer data platform)* e *DMPs (data management platform)*, além de pesquisas e a utilização de dados em campanhas de marketing. Tecnicamente, o *hub* de *Brand Publishing* torna-se a própria *DMP* da marca, pois captura, organiza, relaciona e ativa dados com abundância e qualidade, colocando a marca na vanguarda do contexto técnico-cultural-regulatório da privacidade e tratamento de dados proprietários.

Nessa linha de tendência, em novembro de 2023, o Google lançou o Google Ads Data Manager. A plataforma simplifica a maneira como as marcas gerenciam seus dados proprietários e o processo de uso desses dados para as equipes de marketing. A plataforma exige conhecimento mínimo ou nenhum conhecimento de código, reduzindo a carga de trabalho para usar dados em marketing.

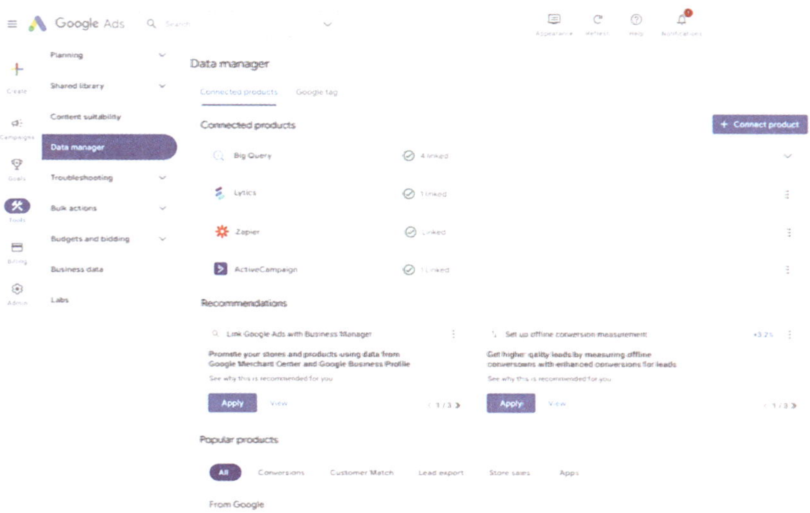

Google Ads Data Manager, lançado em novembro de 2023 para simplificar a gestão de dados proprietários das marcas

O Gerenciador de dados do Google Ads oferece aos profissionais de marketing controles novos e simplificados sobre seus dados próprios. "Esses dados são uma vantagem única que você pode criar investindo agora e desenvolvendo uma compreensão mais profunda de seus clientes. O Gerenciador de dados do Google Ads simplifica o processo de trazer esses relacionamentos para o seu marketing para gerar medições eficazes e duráveis.", explica Kamal Janardhan, Diretor-sênior de Gestão de Produto do Google.

Audiência é dado, dado é retorno

A marca precisa ter a ambição de liderar editorialmente o segmento em que ela atua. Com a estratégia de audiência paga e orgânica, combinada com a autoridade já presente na empresa, é questão de tempo atingir o domínio numérico e de relevância perante *players* tradicionais de jornalismo segmentado.

Digamos que estamos apenas na primeira infância de uma nova ordem relacionada a dados proprietários das marcas. Distribuição constrói audiência, que por sua vez gera dados. O processo de *brand publishing* garante essa simbiose, colocando a marca em uma posição de destaque impossível de ser ameaçada, garantindo dividendos de longo prazo traduzidos em reputação, *awareness*, diplomacia editorial, inovação e negócios.

parte 4

CASES DE SUCESSO

capítulo 12

Omnipublisher: do conteúdo à monetização

Deborah Masiviero Huff

Era 2009 quando fui contratada para trabalhar na Beauty Fair. O cargo? Repórter. A Beauty Fair nasceu como feira de negócios, mas a liderança já entendia que conteúdo era um pilar importante na construção da marca e da autoridade no mercado de beleza. Um cenário incomum para as empresas daquela época, que ainda nem haviam se deparado com termos como marketing de conteúdo ou *branded content*.

A Beauty Fair nasceu *publisher* e produz conteúdo como fim e não meio. Em outras palavras, esse é o nosso negócio, criar e promover conteúdo, seja por meio de eventos presenciais, on-line, congressos, *workshops*, seja por portal de notícias. *Publisher* não, deixe-me corrigir: *Omnipublisher*, como o Paulo Henrique, da Barões, nos definiu, perspicazmente transformando um conceito do mundo do *e-commerce*. Ser "*Omni*" é vender, comunicar e atender de forma integrada e em diferentes canais. É sobre essa jornada de descobertas e aprendizados que você terá acesso agora.

Para quem não é familiarizado com o mundo da beleza e dos eventos, deixe-me apresentar a Beauty Fair. Hoje reconhecida como a maior feira de beleza das Américas, segunda no mundo – atrás apenas de um evento realizado na Itália –, atua hoje sob um modelo que vai além da feira que a projetou para o mercado nacional (e internacional).

É uma plataforma de negócios, relacionamento, dados e conteúdo que conecta varejistas, executivos da indústria, distribuidores e profissionais da beleza. Em um mercado em que negócios são impulsionados por relações e amplo entendimento de seu público, a Beauty Fair encontrou um caminho fértil para desenvolver seus projetos e conquistar relevância.

E foi justamente na negligência das relações profissionais, somada a uma frustração com o modelo de feiras praticado no início dos anos 2000, que a Beauty Fair surgiu. A marca faz parte do Grupo Ikesaki, que há 60 anos atua nos segmentos de varejo, indústria, atacado e serviços. Construído a partir dos sonhos, trabalho e astúcia de Hirofumi Ikesaki, um imigrante japonês que chegou ao Brasil em 1934, o grupo é responsável pelas marcas Ikesaki Cosméticos, Taiff, EBC Ikesaki Atacado de Cosméticos e Action Motors. Por meio delas, o grupo, que sempre participou de feiras de beleza, foi motivado a organizar seu próprio evento em 2005, nascendo assim a Beauty Fair, fruto da expertise de um grupo genuinamente oriundo do mercado de beleza, com décadas de existência.

Desde muito cedo, Cesar Tsukuda, *CEO* da Beauty Fair, que está no grupo há cerca de 25 anos e atuou no lançamento da empresa, tinha como claro e transparente que o futuro dos eventos não estava mais restrito ao mercado de eventos e que o atual modelo de feiras estava fadado ao fracasso.

Esse pensamento já fez muito líder da indústria de eventos pular da cadeira, mas hoje em dia já fica fácil compreender o que o Cesar queria dizer há anos. Os eventos têm como missão contribuir para o desenvolvimento de seu público a partir de conteúdo relevante e dados. Só assim passarão a ter uma comunidade fiel, engajada e consumidora.

Como já introduzi no primeiro parágrafo deste capítulo, conteúdo é pilar estratégico desde o marco zero da empresa. A Beauty Fair promove congressos e *workshops* simultâneos à feira desde a primeira edição, e começou a se aventurar em conteúdo jornalístico on-line alguns anos depois.

O Portal Beauty Fair buscava informar suas audiências sobre o vai-e-vém de mercado nos salões, eventos sociais, técnicas de corte, cor, penteado, unhas, maquiagem e lançamentos de produtos. A linha editorial, predominantemente, dedicava esforços a ajudar o profissional de beleza a ser um artista e técnico melhor. Como só tínhamos a feira como produto, o conteúdo autorreferente e o de mercado eram produzidos de forma equilibrada. A grande verdade é que não tínhamos a mínima noção do conceito de *publisher* e nem que aconteceria uma transição midiática.

O reinado absoluto estava nas mãos das revistas impressas que detinham prestígio, anunciantes e audiência estabelecida. Os sites ainda engatinhavam, na expectativa de estabelecer um novo modelo de negócio e conquistar o coração dos leitores.

Dar entrevista para uma revista impressa tinha uma áurea de glamour e "venci na vida", diferente de contribuir para um site. "Quem vai ler?", perguntavam os profissionais mais desconfiados.

A dúvida tinha fundamento e não era privilégio das fontes acionadas pela Beauty Fair. O mercado como um todo ainda precisava catequizar leitores e anunciantes que o on-line era a comunicação do futuro.

Na prática, nosso portal era um "Frankenstein". Um site institucional que queria ser portal ou um portal que queria ser site institucional? Por anos tentamos conciliar as duas coisas e, óbvio, estávamos sempre insatisfeitos. Não havia Designer de *UX* que desse conta de alinhar as duas estratégias. A confusão começava no conceito e descia para a governança.

Ser *publisher* estava, definitivamente, no centro das estratégias do Grupo Ikesaki, mas foram no meio impresso os primeiros grandes investimentos. Foi então que, em 2010, nascia para o mercado a revista mensal Vivabeleza. Foram sete anos de atuação bastante relevante, com prestígio entre leitores e anunciantes, até que os impactos das ações on-line começaram a surtir efeito no mercado, com audiências escaláveis, de menor custo e mensuráveis.

Os veículos de nicho foram os primeiros a sentirem o impacto da confusão pela qual o mercado de mídia estava passando. Anunciantes passaram a dedicar porcentagem farta de seus orçamentos para plataformas como Google e Facebook e a revista viu seus resultados financeiros despencarem. Ficou insustentável bancar toda aquela operação de distribuição, assinaturas, redação e produção.

Foi difícil desapegar do modelo impresso. Na época eu era coordenadora de comunicação e lembro das reuniões de alinhamento e da tentativa de transformar uma equipe com expertise em revista, migrar para o on-line. Não havia segurança e conhecimento para operar um veículo on-line, quanto mais para monetizá-lo. Saudosistas ou não, todos tivemos que concordar que uma nova fase deveria ser estabelecida a partir de então.

Voltamos a focar no Portal Beauty Fair, com produção de conteúdos diários e distribuição orgânica via newsletters semanais e redes sociais. Tínhamos uma agência que nos apoiava com a revista impressa e que passou a nos ajudar com o on-line e, juntos, começamos a aprender a pilotar esse novo desafio.

A confusão de conceito site institucional X portal de conteúdo ainda era latente, além do fato de o estilo impresso de fazer jornalismo ainda estar muito enraizado no time. Desde a construção de chamadas até o desenvolvimento de reportagens, sem conhecimentos mínimos das técnicas de *SEO*. Os resultados nos mecanismos de buscas eram predominantemente oriundos das palavras-chave relacionadas à feira.

Nossa audiência flutuava de acordo com o interesse do público pelo evento. Se olharmos um gráfico de evolução dessa época, veremos o crescimento contínuo de acessos entre os meses de junho a setembro, mês quando acontece a Beauty Fair. Os números caíam levemente nos meses seguintes, atingindo um platô de janeiro a junho, resultado de uma distribuição 100% orgânica, valendo-se da boa audiência, do engajamento do perfil de rede social e dos disparos de *newsletters* para a nossa base de dados, que sempre contou com taxa de abertura acima do mercado.

Pré-pandemia, o portal já havia conquistado um espaço importante no mercado. Viajamos a convite da indústria para realizar a cobertura de eventos, recebemos produtos para testes e resenhas e os profissionais, nessa altura, já aceitavam com mais motivação e sentimento de importância nossos pedidos de pauta, bem diferente daquela fase inicial que narrei no início. O portal Beauty Fair sempre foi um dos poucos veículos especializados em beleza profissional a sentar na mesma mesa que veículos da grande mídia nos eventos das marcas.

A Beauty Fair, como empresa, desde os primórdios já adotava a mentalidade de *publisher* e sem dúvida essa foi uma das principais estratégias na construção de marca, reputação e autoridade. A maturidade corporativa para esse assunto, aliada ao trabalho de comunicação de marca, contribuíram para pavimentar um novo caminho de negócios que começa a ser colocado em prática, com maior intensidade, pós-pandemia.

De todos os meus anos de trabalho na Beauty Fair, nunca tinha sido tão firmemente desafiada como fui com a chegada da pandemia. Portas fechadas, eventos cancelados e uma empresa, que dependia integralmente dos negócios que aconteciam no presencial. Nosso *CEO*, Cesar Tsukuda, entendeu rápido que precisava manter aquele time mais unido do que nunca e nos motivou diariamente a trazer projetos novos, agora 100% digitais. Sabíamos que aquele período iria acabar em algum momento, e "sumir do mapa" durante esses meses traria impactos inimagináveis ao negócio.

Foi então que a nossa equipe começou, intensamente, a pesquisar novos formatos, conteúdos e estratégias digitais. Testamos muito e tínhamos total abertura e autonomia para isso. Primeiro foram as *lives*, um formato simples e barato de colocar de pé. Todos os dias tínhamos um conteúdo novo ao vivo, com especialistas de diversos segmentos. Lembro como se fosse hoje do desespero dos donos de salões de beleza, nos acionando por e-mail, WhatsApp e redes sociais, tentando entender como se manteriam de portas fechadas. Vimos que tínhamos uma grande oportunidade nas mãos e passamos a publicar com frequência reportagens e cartilhas sobre alternativas de trabalho, atualizações governamentais e multiplicar as boas práticas do mercado. A Beauty Fair foi uma das poucas empresas do setor que ofereceu algum tipo de suporte para o mercado. Ainda mais naquele momento em que a sociedade carecia de informação correta, confiável, com clara atribuição de origem do conteúdo.

Além do conteúdo jornalístico, nos aventuramos em outras frentes on-line. Criamos uma "Netflix" de educação profissional, no qual batizamos de Beauty Fair ON, com conteúdo sob demanda e monetização via assinaturas. Em julho de 2021, nascia o Mastermind Beauty Fair, um programa de mentoria on-line para empreendedores, executivos, gestores de salão, influenciadores e profissionais de beleza de todo o Brasil, determinados a crescer seus negócios durante a retomada da economia.

> *"O projeto do Mastermind nasceu da nossa indignação em ver tanta oportunidade de crescimento ser desperdiçada no mercado da beleza. Hoje o Brasil ocupa o quarto lugar no ranking mundial de consumo de cosméticos, mas temos potencial de liderança. Chega de manter as boas discussões em pequenos grupos isolados. Nós queremos furar essas bolhas e colocar todo o setor da beleza para conversar na mesma mesa. De igual para igual. Um escutando o outro com total respeito e empatia. Só assim vamos conseguir criar um novo impulso de crescimento acelerado para os nossos negócios e marcas", afirma Cesar Tsukuda.*

Luiza Helena Trajano, fundadora do Magazine Luiza, Chieko Aoki, presidente dos hotéis Blue Tree, Roberto Tranjan, fundador da Metanoia, Alessandra Sekeff, vice-presidente do O Boticário, Murilo Reggiani, fundador da Vult, Daniel de Jesus, fundador da Niely, Karina Lima, vice-presidente de vendas da Salesforce, João Paulo Pacifico, fundador do Grupo Gaia e Lucas Guimarães, da Woke People, foram algumas das personalidades que toparam estar conosco nessa empreitada.

Foi nessa época também que incentivamos o próprio Cesar Tsukuda a escrever artigos sobre sua visão de negócios para o mercado de beleza. Ele que fora tão acionado por varejistas e executivos da indústria para compartilhar seus *insights* e perspectivas durante o auge da pandemia, agora serviria ao mercado de forma mais ampla e acessível.

Cito com mais ênfase essa passagem, porque ela foi fundamental para entendermos onde morava nosso diferencial como empresa. Por anos nos dedicamos a promover conteúdos técnicos para o profissional – e fizemos isso com grande maestria –, mas a verdade é que o mercado estava saturado de produtores de conteúdo dessa linha. A indústria conquistou um certo domínio nesse território temático, com seus times de influenciadores/embaixadores.

A Beauty Fair já desfrutava de considerável reputação entre os empreendedores do mercado e entendeu que sua contribuição mais relevante seria no campo da construção de negócios e marcas – seja ele no varejo, indústria, salão, seja em clínica de estética.

A essa altura já estávamos autorizados a operar presencialmente. Retomamos a feira em novembro de 2021, em um grande reencontro do mercado de beleza. Os aprendizados da pandemia nos levaram para outros caminhos, abrindo novas frentes de negócio, e, agora, com a certeza de que deveríamos transformar a forma como conduzimos nosso portal de conteúdo.

Para desenvolver um projeto consistente, de longo prazo e alinhado com a estratégia da nova Beauty Fair, entendemos que deveríamos chamar especialistas que pudessem nos trazer um olhar diferente, inovador sobre o tema, colocando em perspectiva tudo aquilo que sabíamos sobre como administrar um portal de conteúdo. Foi então que trouxemos para a mesma mesa o Paulo Henrique Ferreira e seu time, da Barões, e o professor Francisco Alvarez, do Centro de Estudos e Pesquisas do Varejo da Universidade de São Paulo.

Foi aí então que nasceu para o mercado, em setembro de 2022, o novo portal da Beauty Fair, o qual batizamos de "Negócios de Beleza", com a missão de educar e trazer informações relevantes, com foco em tendências e notícias do mercado de beleza.

A estratégia por trás do *hub* é que ele funcione como um grande eixo de integração do digital com os eventos da Beauty Fair, abrindo caminhos de comunicação o ano todo e fornecendo dados e *insights* que contribuam com o desenvolvimento dos atuais e novos produtos da empresa. Ao mesmo tempo, o ativo serve ao mercado com informações relevantes e confiáveis, bem apuradas, valorizando, principalmente, o pequeno empreendedor de beleza.

Pode não parecer, mas o mercado de beleza carece de informações aprofundadas e dados confiáveis. Quando miramos o setor profissional, com salões e clínicas, o cenário fica ainda mais delicado, devido à estrutura do próprio mercado no Brasil. Somos o 4º maior consumidor de beleza do mundo, com mais de 1 milhão de salões. No entanto, metade desse número segue na informalização.

Costumamos falar que o mercado de beleza é a porta de entrada do primeiro emprego. Democrático e acessível, o profissional de beleza pode começar a atender em domicílio, com poucos recursos e, mesmo assim, realizar um ótimo atendimento.

Não é exagero falar que o Brasil é reconhecido mundialmente como um país altamente qualificado do ponto de vista técnico. No entanto, é urgente que tenhamos projetos de educação e conteúdo específicos sobre negócios e habilidades comportamentais para melhorar o ambiente de trabalho dentro dos salões, assim como os relacionamentos com parceiros, fornecedores e clientes. Essa é a nova fronteira de expansão do mercado de beleza e é nesse território que escolhemos atuar.

Na prática, a estrutura do *hub* é simples e funcional, hospedado em *URL* própria (https://negociosdebeleza.beautyfair.com.br/), porém conectada ao site institucional, respeitando assim cada território digital e suas respectivas demandas de negócio. O menu é direto ao ponto e destaca nossas grandes áreas de atuação: profissionais de beleza, varejo e indústria.

Fonte: https://negociosdebeleza.beautyfair.com.br

Agora temos uma visão holística de todos os aspectos do *publishing* como conteúdo, distribuição e plataforma. Constituímos um conselho editorial, que se reúne mensalmente para debater os principais temas a serem abordados pelo *hub*, bem como analisar as atividades realizadas no mês anterior.

Semanalmente, nossa equipe se reúne para debater aspectos mais práticos do dia a dia do portal, analisando números de audiência, palavras-chave, performance dos conteúdos, temas mais acessados e sugestões de pautas.

Em um ano, acumulamos experiências e colecionamos histórias incríveis com esse novo modelo de se fazer conteúdo. Entrevistamos executivos de grandes marcas, fortalecendo nossa diplomacia editorial com o mercado. Sob a *tag* "Quem faz o mercado de beleza no Brasil", trouxemos *insights* e o lado B de quem ocupa os mais altos cargos e tem a responsabilidade de ditar novos rumos no consumo de cosméticos no país.

Internacionalmente também contabilizamos algumas conquistas. Realizamos a cobertura da NRF Big Show, o principal evento de tecnologia para o varejo do mundo, que acontece anualmente na cidade de Nova York. E a convite das marcas Schwarzkopf Professional, Authentic Beauty Concept, Tec Italy e Küül, viajamos para a Colômbia, na cidade de Cartagena, para reportar as novidades e os lançamentos que aconteceram em um evento promovido pela própria empresa.

Ao longo do ano construímos quatro canais especiais de conteúdo, abrigando a cobertura completa dos eventos promovidos pela Beauty Fair, sem contar um canal especial sobre empreendedorismo e sustentabilidade, patrocinado pela marca Bioma, do Grupo Laces. Aliás, esse último é um *case* muito especial para todo o nosso time.

O Canal "Empreendendo seu salão com Bioma por Laces" foi a primeira iniciativa de monetização do *hub*, com um projeto que aliou o digital e o presencial para alavancar negócios para a marca. No digital, a audiência segmentada para donos de salões recebeu informações apuradas e confiáveis sobre como aumentar sua lucratividade sendo um negócio com práticas sustentáveis. No presencial, o *CEO* da empresa, Itamar Cechetto, teve a oportunidade de participar de um *talk show* no evento Beauty Fair Summit Donos de Salões, falando para mil donos de salões, e meses após uma nova participação no Seminário de Gestão de Negócios de Beleza, para 300 pessoas, dentro da feira. A Beauty Fair também selecionou e convidou empreendedores para participar de um evento proprietário do Bioma, com foco na conversão.

O projeto contemplou a criação de 17 matérias, atingindo mais de 13 mil usuários, 20 mil visualizações de páginas e tempo médio de leitura de 1 minuto e 14 segundos. O resultado trouxe confiança para a equipe e testamos um novo formato de monetização de conteúdo, oferecendo pacotes especiais aos expositores da feira, entregando além de espaço no portal, conteúdos também em redes sociais, *newsletters*, *lives* e *podcasts*. Foram 12 clientes e uma verdadeira maratona de conteúdo nos quatro dias de feira.

É gratificante observar, pelos retornos via e-mails, redes sociais e até por meio de depoimentos de executivos do mercado, o quanto nosso conteúdo tem feito a diferença. Relatos de que diversas matérias do portal estiveram em mesas de tomada de decisão ou embasaram a construção de novos negócios no setor costumam chegar com frequência e nos deixam ainda mais motivados e confiantes sobre a relevância desse veículo para a nossa comunidade.

Por isso, o ano de 2024 foi decretado como o ano da monetização do *hub*. A Beauty Fair estruturou uma unidade de negócios digitais que tem como missão transformar o portal em um produto. E, sem dúvida, a estratégia para fazer isso acontecer passa pelo conceito *phygital*, em uma perfeita conexão do presencial com o digital para alavancar audiências e negócios.

A equipe está trabalhando também para tornar "Negócios de Beleza" a mídia oficial dos principais eventos do setor e se tornar ainda mais relevante para as empresas e os profissionais.

Outro grande projeto em percurso é tornar o *hub* um provedor oficial de dados de consumo do canal especializado em beleza. Isso porque fechamos uma parceria com uma empresa de tecnologia que nos apoiará na extração de dados dos cupons fiscais de perfumarias parceiras por todo o Brasil.

Ao longo deste capítulo busquei oferecer a você, leitor, história, contexto, estratégia, propósito, prática e futuro, em uma tentativa de inspirá-lo a pensar novos rumos onde quer que esteja. O mundo está na reta final de um período desafiador, que já está mudando o modo como empresas e clientes se relacionam. Projetos como os trazidos por este livro deixam claro que a sociedade está farta de tantos gatilhos e discursos persuasivos e anseia por empresas que façam um marketing que não pareça marketing, mas sim uma ajuda, um apoio na jornada de crescimento da sua comunidade.

capítulo 13

A evolução da comunicação no cooperativismo

Jorge Florêncio Ribeiro Neto e Queila Panhotta da Silva

Neste capítulo vamos falar de cooperativismo, do agronegócio, da Cooxupé e do "*Hub* do Café", ativo de *brand publishing* da cooperativa. E como todos se juntam em um *case* de sucesso que leva informação e conhecimento a um público diversificado e, principalmente, um consumidor de informação de qualidade e verificada.

O cooperativismo moderno nasceu na Inglaterra, em 1844, quando 28 operários se uniram e formaram a primeira cooperativa moderna do mundo: a Sociedade dos Probos Pioneiros de Rochdale. Essa ação estava relativamente ligada às grandes mudanças provocadas pela Revolução Industrial.

Já no Brasil, o cooperativismo chegou por volta de 1887 e, também, surgiu diante de grandes transformações. Sua chegada no país se deu por meio dos imigrantes europeus, que formaram as primeiras cooperativas de consumo. Depois dessas, vieram as agropecuárias. Na região Sudoeste, o cooperativismo se expandiu gradativamente por Minas Gerais, São Paulo e Rio de Janeiro, cresceu e se fortaleceu mundialmente.

Em cada cooperativa formada, todas tinham como objetivo principal o desenvolvimento econômico e social, sendo um agente constante de transformação no meio em que estava inserida.

Uma cooperativa mineira

Os anos de 1918 e 1922 foram marcantes para os cafeicultores brasileiros devido às geadas ocorridas. No entanto, as produções cafeeiras seguiam bem. Até que em 24 de outubro de 1929 aconteceu o "*crash*" da Bolsa de Nova York, provocando a falência de milhares de empresas norte-americanas.

A crise nos Estados Unidos se refletiu imediatamente no mundo. As empresas responsáveis pela comercialização de café foram à falência. E o produtor se viu no meio da pior crise econômica que já havia passado em toda sua história.

Dentro desse contexto de crise, no ano de 1932, 24 produtores de cafés da cidade de Guaxupé, situada no Sul de Minas Gerais, uniram-se para fundar a Cooperativa Agrícola de Guaxupé. Uma cooperativa que tinha como objetivo o fornecimento de crédito aos seus associados.

A cafeicultura se revitalizou e foi se recuperando diante da enorme crise. Já no ano de 1957, outra necessidade surgia: a do abastecimento do café em mercados importantes mundialmente. A partir desse período (1957), a cooperativa agrícola transformou-se em cooperativa de produção, mudando sua denominação para Cooperativa Regional dos Cafeicultores em Guaxupé Ltda., hoje também chamada de COOXUPÉ. A partir daí, a cooperativa tinha como objetivo principal produzir, comercializar e exportar a produção de seus cooperados.

Desde a sua criação, a Cooxupé dedicou especial atenção e preocupação aos pequenos produtores. Em 1970, iniciou sua fase de expansão para outras regiões produtoras do Sul de Minas. Nos anos 80, instalou-se na média mogiana paulista, também conhecida como Vale do Rio Pardo, e nos anos 90 chegou ao promissor cerrado mineiro. Em 2023, expandiu-se para as matas de Minas, estando presente em todas as maiores regiões produtoras de café arábica do Brasil.

A história da Cooxupé no cooperativismo brasileiro ultrapassa mais de 90 anos. Hoje, o quadro social conta com mais de 19 mil cooperados, sendo 97% deles mini e pequenos produtores que representam a força da agricultura familiar dentro da cooperativa. Atualmente, é reconhecida como a maior exportadora de café do Brasil e a maior cooperativa de cafeicultores do mundo, levando seus cafés para mais de 50 países, nos cinco continentes. É, ainda, responsável pelo recebimento de 23% da produção de café arábica do Estado de Minas Gerais e 15% da produção de arábica do Brasil.

A Cooxupé é, portanto, o reflexo do que o movimento cooperativista representa para o Brasil e para o mundo: um permanente ciclo de desenvolvimento com pessoas unidas em busca de objetivos e interesses em comum, trazendo prosperidade e um modelo econômico sustentável à sociedade. No Brasil, por exemplo, são mais de 4.6 milhões de cooperativas e 20.4 milhões de cooperados, gerando emprego e renda para mais de 520 mil pessoas. Os ramos Agropecuário e Transporte ganham destaque, pois congregam 1.1 mil cooperativas, representando 44% do cooperativismo brasileiro.

Diante dessa pujança e consolidação, é notório que o cooperativismo desempenha um papel crucial no agronegócio, oferecendo aos seus cooperados tecnologia, conhecimento, inovação e principalmente: a cooperativa torna-se extensão da propriedade do produtor. O que ele não consegue fazer em sua propriedade por não ter escala de produção, a cooperativa faz por ele. Em resumo, é o pequeno ganhando escala de grande produtor.

O agronegócio e sua importância

O cooperativismo e o agronegócio caminham juntos, tendo grande impacto positivo na economia brasileira por serem geradores de renda e empregos.

Isso porque o agro representou 24,8% do PIB (Produto Interno Bruto) brasileiro no ano de 2023, sendo que cerca de 48% dessa produção passa pelas cooperativas do Brasil. Assim, o cooperativismo é um dos protagonistas do sucesso do agro nacional.

Nos últimos 50 anos, o agro brasileiro vem se transformando e hoje tornou-se pujante, desenvolvimentista e absolutamente sustentável. Conquistou seu espaço, tornando-se pilar de sustentação da economia brasileira, gerando riquezas para tantos outros setores econômicos.

Destacamos ainda que o agronegócio brasileiro é motivo de orgulho para toda nação, considerando sua história baseada em valores e na sustentabilidade ambiental e social que o envolve. É um setor que serve de inspiração para todo o país.

A comunicação assertiva

O pioneirismo do agro, do cooperativismo e da história quase centenária de uma cooperativa de café coloca à frente um grande desafio: a comunicação. O ato e as diferentes formas de se comunicar ganharam mais do que espaço diante de setores e organizações corporativas, pois passaram a ter papel preponderante e fundamental, especialmente no caso da Cooxupé e seus cooperados.

Como levar informação de qualidade, orientações, informações técnicas, apresentar novas tecnologias e inovação aos cooperados? Foi com esse propósito que, em julho de 1970, a Cooxupé criou e publicou o primeiro número da Folha Rural, um informativo mensal que em sua apresentação traz descrito: "Este é o primeiro número do 'Boletim' mensal que a Cooperativa Regional dos Cafeicultores edita com o propósito de levar aos seus associados informações e orientações de proveito para seus associados".

A Folha Rural, um jornal que nasceu no formato de boletim para levar informação técnica aos cooperados, ainda continua com a sua missão de levar informação de qualidade aos produtores associados e, hoje, conta com uma tiragem mensal de 16 mil exemplares. Trata-se, portanto, do jornal mais longínquo entre as cooperativas de todo o Brasil, com trajetória e conteúdo editorial respeitados e de credibilidade.

Há 54 anos a Folha Rural chega à casa do cooperado com muita informação. Com a publicação, a Cooxupé acessa alguns canais internacionais e, também, alcança pesquisadores, comunidade científica e a comunidade acadêmica.

Aproximação com o cooperado e outros públicos

Estar próxima do cooperado. Este é um dos grandes desafios que a Cooxupé tanto preza e, por isso, a comunicação estratégica e direcionada aos públicos com os quais se relaciona é bastante dinâmica e vem se transformando ao longo dos anos.

Para a cooperativa, a comunicação é um investimento e não um custo no seu orçamento. Por isso, a inovação e o acompanhamento da transição midiática são tão importantes que passam pelo planejamento estratégico da Cooxupé.

Para se ter uma ideia, o setor de comunicação da cooperativa teve e ainda tem envolvimento direto em importantes projetos liderados pela Cooxupé como, por exemplo, a criação do primeiro manual de sustentabilidade da cooperativa, bem como a fundação do Núcleo de Educação Ambiental – NEA, ocorrida em dezembro de 2013, em parceria com a

Fundação Espaço Eco, onde alunos e professores de escolas públicas de Guaxupé e região visitam o espaço e vivenciam na prática a sustentabilidade e a importância de conservar o meio ambiente.

Dentre outros grandes projetos estão a Feira do Cerrado e a FEMAGRI, ambas Feiras de Máquinas, Implementos e Insumos Agrícolas, promovidas integralmente pela Cooxupé a todas as famílias cooperadas, fomentando um ambiente saudável de negócios, relacionamento, *networking* e geração de novos conhecimentos entre produtores de café, membros da cooperativa e *players* do agronegócio brasileiro. Neste sentido, a comunicação da Cooxupé atua efetivamente ao lado da Diretoria Executiva, fortalecendo o relacionamento e gerando informações de credibilidade junto aos cooperados, autoridades políticas, fornecedores comerciais e a imprensa.

Chegar de forma clara, precisa e com informação de qualidade aos seus mais de 19 mil cooperados, bem como a todo o público envolvido nesse segmento, não é missão tão simples como foi no início da cooperativa. Isso porque hoje temos um público diversificado, formador de opinião e que necessita de informação rápida e na palma da sua mão, até mesmo para algumas tomadas de decisão.

Novos desafios

É primordial que continuemos emitindo informações e conhecimentos por meio do nosso primeiro veículo *publisher*, a Folha Rural. Mas entendemos a necessidade de atender todas as outras frentes de comunicação e evoluirmos juntamente com este movimento que, mundialmente falando, é tão dinâmico e transformador ano a ano.

Para estar mais próxima das famílias cooperadas, clientes, fornecedores e todos os outros *stakeholders*, a Cooxupé está presente em diversos formatos da comunicação, entre eles veículos impressos, rádios,

TVs, portais, redes sociais, aplicativos, além de possuir uma assessoria de imprensa que mantém um profícuo relacionamento entre a cooperativa e a imprensa local, regional, nacional e internacional. Hoje, a Cooxupé é referência como fonte do setor junto ao mercado e aos veículos de comunicação, que diariamente procuram a cooperativa em busca de porta-vozes para falar sobre os inúmeros temas que envolvem o universo do café.

Mas, ainda assim, vimos a necessidade de ter um lugar onde o cooperado, o consumidor e a indústria pudessem encontrar informações verdadeiras e de qualidade para nortear o seu negócio ou até mesmo para ser um agente de pesquisa, fonte de conhecimento e, também, para aqueles momentos prazerosos que o café traz: um cafezinho com um bolo, uma receita clássica ou um cuidado com a saúde que o café proporciona.

Todo esse universo está intrinsecamente ligado ao mundo do café, que desde os seus primórdios, especialmente em Paris, Londres e Veneza, nas casas onde era servido, passava a ser local de encontro de filósofos, intelectuais e artistas. Era onde liam-se livros, declamavam-se poemas e até mesmo discutia-se política. É o poder de união do café. Para nós, mineiros, a frase: "vamos tomar um cafezinho?" tem um valor enorme, e vem carregada de elementos culturais que despertam muitos sentidos e sentimentos.

É exatamente esse sentimento que desejamos despertar: ao lerem este capítulo, pegue um cafezinho e desfrute desta leitura.

Uma nova forma de comunicar

E como unir todos esses elementos descritos acima em um único local? Para atender essa demanda, a Cooxupé, por meio da Barões Brand Publishing e de sua assessoria de imprensa, Phábrica de Ideias, implementou e lançou no ano de 2021 o seu portal de mídia proprietária, o "***Hub* do Café**".

O portal, que também possui versão em inglês para se comunicar com a comunidade cafeeira internacional, nasceu trazendo o cooperativismo como diferencial e como agente propulsor de um modelo sustentável, promovendo o desenvolvimento da cadeia do café: do grão à xícara.

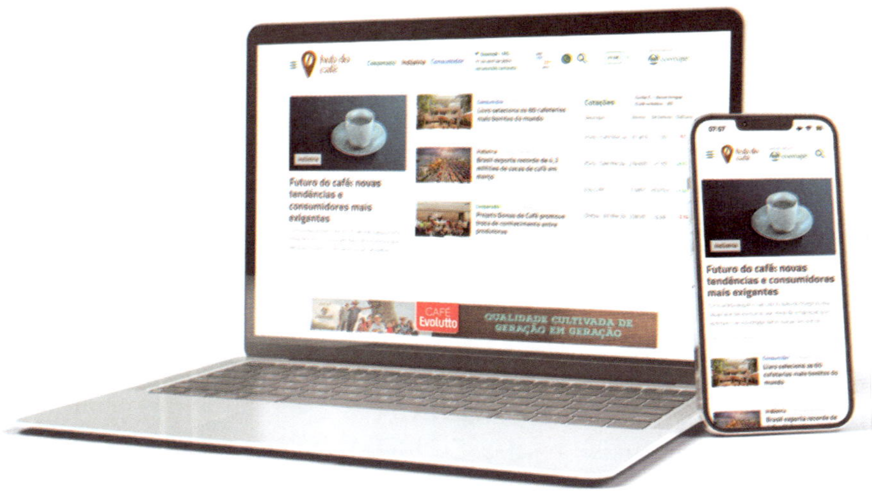

Fonte: https://hubdocafe.cooxupe.com.br/

Assim, a Cooxupé assume o papel de *Publisher*, levando não somente notícia, mas informações em *podcast* de economia, clima, dólar, cotação de café, dados das estações meteorológicas da própria cooperativa, mercado; além de conteúdo jornalístico com foco para a indústria e o consumidor.

O "*Hub* do Café" conta com um corpo técnico que contribui com a geração de conteúdos, desde a plantação de uma lavoura até a produção do café, passando por manejos e tratos culturais necessários. E, ainda, tornou-se um canal consistente em que grandes nomes do agronegócio e do cooperativismo escrevem artigos, gerando ainda mais credibilidade para a informação.

Um portal que traz notícias e informações do setor cafeeiro, um modelo de comunicação exclusivo, multiplataforma para se trabalhar o cooperativismo, a indústria, o cooperado, o consumidor e tudo que envolve o tema café.

Para a Cooxupé, esta é mais uma ferramenta de gestão da comunicação em que a cooperativa permanece com a sua missão de comunicar de forma clara, levar conhecimento, técnicas de cultivo, informações de mercado e de operações. É uma grande responsabilidade ser fonte para tudo que acontece no universo do café, o que torna a comunicação ainda mais robusta e com uma necessidade prioritária de ser uma mídia proprietária. Com o "*Hub* do Café", a Cooxupé criou um modelo de comunicação exclusivo para muitos públicos, acompanhando o movimento da digitalização que foi acelerado pela pandemia.

A gestão de comunicação é sempre um grande desafio. Saber o que falar e com quem falar. E o "*Hub*" vem com o mesmo critério de comunicação da Cooxupé: falar o que realmente interessa, para quem interessa e na hora certa. Até parece algo muito simples de se fazer, mas não é. Todo o conteúdo publicado chega ao produtor de café, ao formador de opinião, aos técnicos, aos jornalistas e muitos outros consumidores de informação de qualidade.

A inovação na comunicação da Cooxupé foi tão assertiva que o "*Hub* do Café" fechou o ano de 2023 com 1,6 milhão de usuários e uma audiência orgânica crescente, tornando-se líder editorial no setor de cafeicultura.

capítulo 14

Na hora e no lugar certos. O início de uma marca *publisher*

Aline Caio

A construção de reputação baseada em consistência de dados e conteúdo de qualidade. Essa é a definição mais próxima de *brand publishing* na prática para mim, e foi exatamente dessa forma que o *brand publishing* atravessou a minha trajetória na comunicação e demonstrou seu valor.

Atuo com comunicação há quase 20 anos, metade desse tempo no setor de alimentos. Em 2022, à frente da comunicação da Marfrig, líder global na produção de hambúrgueres e uma das maiores empresas de proteína bovina do mundo, estava muito claro quais eram as necessidades e os pontos fortes que poderiam potencializar a comunicação e entregar mensagens assertivas aos públicos de interesse. Faltava descobrir a forma.

Anos atrás, tive o primeiro contato com o *brand publishing* e, confesso, não foi paixão à primeira vista. Tinha inúmeras perguntas e desconfianças. Entre elas, talvez a principal, era entender com detalhes como tudo isso funcionaria na prática, de maneira objetiva, sem sobrecarregar a equipe e interferir nas demais atribuições da área de comunicação.

Essa pode ser uma dúvida sua e de muitos profissionais que ainda não tiveram uma imersão nesse mundo *publisher*. Na época, era a minha, e entre idas e vindas, comecei a observar de perto *cases* existentes no mercado em setores diversos, conversar com profissionais e compreender alguns termos. Inicialmente, a minha motivação era a curiosidade, seguida da inquietação em trazer soluções novas para uma comunicação que muitas vezes está no piloto automático, fazendo mais do mesmo, esperando resultados diferentes.

De acordo com Marcos Hiller, consultor, professor e pesquisador nas áreas de redes sociais, consumo, *branding* e consumo digital, "estudos de Harvard constataram que cerca de 1.500 mensagens publicitárias tentam impactar um consumidor em um dia, sejam elas *spots* de rádio, *outdoors*, anúncios televisivos, *pop-ups* que a gente fecha em segundos etc. Das 1.500, o consumidor é atingido apenas por 80, mas realmente lê e presta atenção em 15".

A partir dessa primeira observação, tive certeza que buscar novas formas de comunicar era o caminho. Constatei o potencial para transformar a comunicação de uma marca e construir autoridade sobre um tema com as vantagens de controle e dados que uma mídia proprietária oferece.

O próximo desafio, então, foi demonstrar todo esse aprendizado empírico para lideranças que não estavam inseridas diretamente na comunicação. Essa, normalmente, não é tarefa fácil, exceto se você tiver o momento perfeito. E, acredite, esse foi o caso.

O desafio de comunicar mais e melhor as ações e conquistas de sustentabilidade da Marfrig, assim como desmistificar temas muito disseminados sobre a proteína bovina estava dado, e aqui estava também a oportunidade de começar a fazer *brand publishing* na prática.

Anualmente, é publicada a pesquisa Edelman Trust Barometer. Nos últimos três anos, as empresas se destacam pela confiabilidade e pela ética perante os públicos. Em 2023, a pesquisa constatou que as empresas devem continuar liderando como a instituição mais confiável e, portanto, devem aproveitar sua vantagem comparativa para fundamentar o debate.

Esse foi o ponto de partida. Quando você se depara com uma oportunidade como essa, é importante agir com rapidez.

Naquele momento, o *brand publishing* foi inserido em um plano de comunicação integrado (o famoso plano de comunicação 360º) como uma frente de comunicação estratégica para públicos que buscavam mais informação sobre sustentabilidade, proteína e alimentação como um todo.

A credibilidade da marca, aliada ao conteúdo, era o caminho a ser trilhado. De acordo com Kotler, "o conteúdo contém informações que os consumidores podem usar para alcançar seus objetivos pessoais e profissionais".

No fim do dia, o objetivo era justamente levar informações vastas sobre o setor de proteína com foco na sustentabilidade, reforçar a diferenciação de marca perante os temas de ESG, em que a companhia já era pioneira, e principalmente apoiar as histórias e *cases* de sucesso que demonstravam as diferentes frentes da produção de alimentos de maneira informativa e idônea.

Na época, ainda sem um nome oficial, chamávamos o projeto de *hub* de conteúdo. Internamente, por muitos, foi entendido como um site de notícias e por mais que você tente explicar, sem os dados em mãos de como acontece na prática, é difícil demonstrar que o *hub* é muito mais do que imputar matérias em um portal.

No primeiro momento, para seguir e não emperrar nas aprovações internas, a resolução foi simplificar e buscar aliados à ideia. Ajustamos a forma de apresentar o *hub*, exemplificamos as entregas. A possibilidade de implantar uma maneira diferente de fazer comunicação sobre sustentabilidade era única e isso era nítido para todos.

O *hub* foi apresentado a um grupo maior de pessoas dentro da empresa. Assim, garantimos que todos estavam cientes e podiam atuar como colaboradores do projeto. A diretoria e o Comitê de Sustentabilidade foram essenciais e participantes do plano completo de comunicação, de que o *brand publishing* fazia parte.

Mesmo ainda no campo das ideias, tínhamos convicção de que uma equipe enxuta, como era o nosso time de comunicação, não teria tempo necessário para se dedicar ao projeto e fazê-lo decolar como deveria, e isso poderia levá-lo ao fracasso. Outro ponto, também, era a experiência em implementar um projeto como esse. Precisávamos ter um lançamento certeiro e consistência para sustentação do *hub*.

Então, o primeiro passo foi buscar um parceiro especializado que pudesse nos ajudar a colocar no ar um *hub* de conteúdo relevante. Muitas agências e profissionais apresentaram propostas; algumas se assemelhavam a um *blog* e era difícil enxergar a sustentação no longo prazo. Nesse processo, encontramos a Barões Brand Publishing com uma proposta individualizada e, sobretudo, coerente ao que tinha observado na minha pesquisa prévia meses antes.

Vencida essa etapa, iniciamos o projeto com a viabilização do portal no qual as notícias seriam publicadas. Essa foi a fase mais extensa.

Em tempos de segurança de dados, ataques cibernéticos, cada circunstância foi verificada e checada por mais de uma vez por um time de especialistas.

A ideia era lançar o portal sem nenhum tipo de intercorrência ou desconfortos que pudessem colocar à prova a segurança e a idoneidade do portal que levava o nome da companhia.

Em paralelo, iniciamos um trabalho de estudo de *layout*. As cores utilizadas, o comportamento nas páginas, a posição, os formatos para apresentação de artigos, notícias e entrevistas. Cada detalhe foi pensado. Até mesmo as informações sobre a companhia. Tivemos uma longa discussão sobre isso. Na primeira fase do projeto, a intenção era agregar a confiança que uma marca global tem mediante seus compromissos, sem deixar a marca muito explícita. As maiores preocupações eram não criarmos uma resistência junto à audiência, e ver a marca passar uma ideia de conteúdo publicitário para quem acessasse o site. Então, dosamos muito bem cada menção, carregamos as primeiras notícias de assuntos gerais e optamos por assinar o portal como um oferecimento da marca.

Nesse sentido, Paulo Henrique Ferreira, no livro "Brand Publishing e Transição Midiática", afirma: "as audiências demandam informações legítimas e panorâmicas. De preferência, validadas por marcas fortes, com credibilidade. Claro que não é pecado algum falar de si mesmo, quando for pertinente. Sobretudo em matérias de fundo de funil que, se publicadas em um contexto maior, de autoridade clara, faz sentido e vira um serviço".

Uma das fases mais empolgantes do projeto vem a seguir, quando definimos a linha editorial, as imagens e os temas que deveriam ser abordados pela redação. Equipes de Comunicação e da Barões reunidas, relembrando o conceito de *brand publishing* e tomando as primeiras decisões rumo ao lançamento.

Faltava apenas definir um nome. Foram centenas de opções e dezenas de reuniões de *brainstorm* até decidirmos por "Prato do Amanhã" ou "Pra todo o Amanhã". O nome pode ser lido das duas formas propositalmente, e reforça o compromisso que a companhia tem com a sustentabilidade no presente e no futuro.

Estava tudo correndo muito bem, tínhamos um parceiro, apoio da diretoria, o portal estava ganhando forma, as primeiras notícias já estavam em aprovação, mas ainda existia um desafio: melhorar o entendimento interno sobre o potencial de entrega agregado à essa solução de comunicação.

A estratégia, então, foi expandir os conceitos-base para um Conselho Editorial. Alguns diretores de áreas diversas foram convidados a fazer parte desse conselho e iniciamos assim as reuniões mensais com esse grupo.

As reuniões eram divididas em duas etapas: a primeira tratava do conceito e da sensibilização sobre *brand publishing*, e a segunda sobre as propostas de pautas e discussões dos principais temas do mês. Esse conselho foi muito importante para a primeira etapa do projeto e para a consolidação do "Prato do Amanhã".

Nesse estágio, a redação estava com força total, as notícias curadas e próprias, autorreferentes ou não, já começavam a aparecer no site. O "Prato do Amanhã" estava pronto para ser lançado.

No primeiro mês, o *hub* de conteúdo foi apresentado para os empregados da companhia. Optamos por divulgar amplamente o "Prato do Amanhã" para um período de testes interno e com uma audiência controlada. Uma decisão que fez toda a diferença para ajustes finos e adequação de temas de interesse abrangente e sobre ESG.

Pouco tempo depois, passamos a estudar a distribuição, a fazer testes de conteúdo e verificar pontualmente cada investimento.

Quando finalmente começamos a divulgação e distribuição para o público externo, pudemos acompanhar a evolução e o alcance, e firmamos o pioneirismo do projeto no setor.

Na velocidade em que as coisas acontecem no mundo corporativo, é possível imaginar a ansiedade em ver os resultados e o número de acessos crescendo. E aqui está mais um aprendizado: se você estiver pensando em criar, ou já implantando um projeto de *brand publishing*, é importante que saiba: ser uma marca *publisher* não tem relação com imediatismo, mas sim com consistência.

Nessa etapa, fez diferença termos passado por todo o processo de planejamento anterior ao lançamento e contarmos com a experiência da

Barões para nos tranquilizar e nos relembrar do valor em continuar fazendo o trabalho dia a dia, para colher os resultados esperados no futuro.

O acompanhamento semanal nos fazia entender o movimento de crescimento. Em alguns meses, o "Prato do Amanhã" já tinha conteúdo de destaque na pesquisa do Google e despontava no top 10 de sites de notícias do setor que estavam no ar há anos.

Celebramos essa conquista, mas queríamos mais, e quando o "Prato do Amanhã" completou pouco mais de um ano, fizemos um ajuste editorial e passamos a intensificar o foco nas questões ESG, andando lado a lado com a comunicação sobre sustentabilidade, em outras frentes dentro da companhia. O objetivo era tornar o "Prato do Amanhã" ainda mais estratégico e próximo das metas de comunicação da empresa.

As matérias factuais começaram a ser mais frequentes, a redação fez movimentos constantes para cobrir mais eventos gerais de sustentabilidade e da própria empresa que estavam relacionados ao tema.

Como já tínhamos uma base robusta de matérias publicadas no "Prato do Amanhã", foram criados também especiais dentro do site, levando em consideração os assuntos consecutivos e especialmente os temas de interesse da audiência, verificados por meio dos dados do próprio portal e da distribuição dos conteúdos nas redes sociais.

Nesse contexto, ressalto duas importantes coberturas que elevaram o "Prato do Amanhã" em termos de números de acesso e significado para a marca: cobertura de dois grandes eventos da companhia sobre um programa de sustentabilidade chamado Verde+, que aconteceu no Brasil e em Londres com a presença de autoridades, e a cobertura com conteúdo exclusivo sobre a COP28, evento realizado em Dubai em 2023.

As coberturas trouxeram mais vida ao "Prato do Amanhã" e nos mostraram como a mídia proprietária pode ser relevante, fazer parte de um plano de comunicação integrado, conciliar valores, expor pontos de vista de forma equilibrada e deixar rastro de conteúdo de qualidade para quem procura se informar de maneira íntegra.

Com essa evolução, o "Prato do Amanhã" criou seu próprio espaço, fortaleceu o pioneirismo da marca como *publisher*, agregou dados à comunicação e principalmente passou a ser mais estratégico aos olhos daqueles que não estão tão próximos no dia a dia.

Fonte: https://pratodoamanha.com.br

Um ciclo que merece ser comemorado para dar início ao próximo. O *publisher* como marca ou profissional corporativo veio para ficar. Espero que você se inspire e reconheça a oportunidade para se tornar um. Uma marca *publisher* precisa estar em movimento o tempo todo, e o profissional que conduz esse processo deve estar atento aos dados, saber aplicá-los com inteligência e estratégia, buscar consistência, gerenciar o imediatismo e desenvolver um olhar dinâmico para a comunicação, de modo a integrá-la às diferentes frentes para obter resultados e, principalmente, fazer a mensagem ser transmitida e entendida.

capítulo 15

Como a Transfero decidiu ser uma marca educadora

Guilherme Murtinho

O ano era 2018 e o cenário das criptomoedas era marcado por grande volatilidade e crescente interesse. Os então protagonistas eram desafiados por uma série de elementos que moldaram o panorama financeiro digital. Regulação, comunicação, conhecimento e adoção eram alguns dos obstáculos no horizonte que precisavam ser resolvidos – ou ao menos encaminhados.

Era nesse contexto que a Transfero estava inserida. A companhia havia sido incorporada um ano antes – embora a Transfero Brasil já existisse desde 2015 –, depois de ter vencido um programa de aceleração, como um agente que ia justamente na contramão desses desafios. Queríamos transformar o mercado cripto, oferecendo um serviço simples, seguro e com segurança regulatória, mirando o público que via nas criptomoedas uma alternativa de formação de patrimônio e que já possuía maturidade para entender a diferença entre preço e valor, ao se tratar de uma nova tecnologia tão promissora. Expandimos, então, para a Suíça, já que era lá que o mundo dos criptoativos estava florescendo e onde existia uma regulação recente. A empresa teria uma sede no cantão de Zug, onde fica o famoso Crypto Valley, área que concentra algumas das maiores empresas *blockchain* do mundo.

Naquele momento, a comunicação desempenhava um papel crucial na formação de percepções e na influência sobre a dinâmica do setor. A volatilidade dos preços e as narrativas em constante mudança desafiavam a capacidade dos participantes – entre eles, nós, da Transfero – de interpretar os eventos de maneira precisa e passar isso para seus públicos. As redes sociais e a rápida disseminação de informações contribuíram para a intensificação do debate – e da confusão –, criando um ambiente propício para decisões impulsivas e especulativas. Nesse contexto, a habilidade de comunicar com clareza e transparência e educar as pessoas tornou-se um diferencial essencial em meio à cacofonia de vozes presentes no ecossistema cripto.

Na ainda não consolidada área de *blockchain* e criptoativos, algumas marcas faziam suas primeiras ações de comunicação apostando no grande público. Por exemplo, uma grande corretora, que depois veio a fechar, apostou na publicidade tradicional para se comunicar com seu público. Inclusive associando nomes bastante conhecidos à sua marca. Objetivo cumprido: conseguiu chamar a atenção não só do público, mas também do regulador brasileiro, que anos mais tarde proibiu a corretora de atuar. Num cenário que ainda demandava cautela por falta de regras, aquilo foi um tiro no pé. Estava claro que a Transfero não deveria seguir aquele caminho.

Desta forma, precisávamos de uma ferramenta que nos ajudasse a cumprir nossos objetivos de transformar o mercado cripto e, ao mesmo tempo, comunicar isso de forma responsável e profissional. Como sócios-fundadores que vinham do setor de Comunicação e Marketing, estávamos cientes de como as engrenagens funcionavam e do que estava acontecendo naquele momento. A transição midiática era uma realidade e, embora víssemos ela acontecendo debaixo dos nossos pés, com investimentos em publicidade tradicional caindo e os aportes em *digital* crescendo, ainda não tínhamos a visão estruturada de como agir naquele momento.

Foi então que conhecemos a Barões e a sua proposta de *brand publishing*, como uma disciplina de comunicação protagonista que nos ajudaria a falar diretamente com esse público e a moldar o mercado cripto de então. A tese era muito clara: num contexto de transição midiática, com redução dos investimentos em publicidade tradicional e uma previsão (já cumprida) de um mundo *cookieless*, precisávamos de um ativo de mídia proprietário, com um posicionamento claro e uma linguagem acessível e responsável para acessar nossos públicos de interesse.

Vimos na tese da Barões uma compreensão do cenário de então. Diversos fatores contribuíram para aquele processo, moldando não apenas a forma como as informações eram consumidas, mas também redefinindo o papel dos veículos de notícias. Um dos elementos-chave desse contexto era a ascensão das plataformas digitais como os principais pontos de acesso à informação. O público estava cada vez mais migrando de formatos tradicionais, como jornais impressos e televisão, para canais on-line, redes sociais e aplicativos de notícias. Esse movimento refletia uma mudança nas preferências de consumo, onde a instantaneidade, a personalização e a interatividade se tornavam valores cada vez mais preponderantes.

A proliferação de dispositivos móveis também desempenhou um papel crucial naquele novo momento da mídia. *Smartphones* e *tablets* tornaram-se as ferramentas predominantes para acessar notícias e entretenimento, proporcionando uma conectividade constante que remodelou a experiência do usuário. Por sua vez, a personalização e a segmentação na entrega de conteúdo também se destacavam como pilares fundamentais. As plataformas digitais permitiam uma análise mais precisa do comportamento do usuário, possibilitando a entrega de conteúdos mais relevantes e direcionados e usando os dados colhidos na navegação para direcionar ainda mais os conteúdos.

Em meio a essas transformações, também reconhecíamos as dificuldades éticas e de confiabilidade que surgiam. Afinal, uma marca teria credibilidade ao ser um *publisher*? Naquele momento, a disseminação de notícias falsas e a necessidade de preservar a credibilidade em um ambiente digital muitas vezes questionável eram preocupações constantes. A busca por práticas jornalísticas éticas e pela veracidade da informação tornou-se imperativa para a empresa.

Resumindo, tínhamos uma empresa recém-incorporada sediada na Europa, numa indústria nova e desconhecida do grande público e sem regulação na maior parte dos países, inclusive no Brasil e no contexto da transição midiática e seus desafios particulares. Era nesse mar turbulento que tínhamos de navegar. Foi assim que dissemos o "sim" para a Barões e decidimos nos posicionar como marca educadora, um *think tank* daquela nova classe de ativos que estava ganhando cada vez mais força e estava prestes a ganhar o *mainstream*. E a mídia proprietária seria a protagonista das nossas ações de comunicação, ajudando a consolidar as outras duas importantes frentes, a saber: a publicidade e a assessoria de imprensa.

Foi então que criamos o "PanoramaCrypto", um ativo de mídia proprietário para operacionalizar esse posicionamento. Nosso objetivo era falar com o investidor adulto, responsável, que via nos criptoativos uma alternativa de diversificação de seus investimentos, com o objetivo da construção de um patrimônio sólido, já maduro para entender como uma nova tecnologia poderia revolucionar a sua forma de pensar, usar e se comportar financeiramente, sendo livre e global ao mesmo tempo – o que chamamos na época de cripto para adultos. E, para isso, precisávamos educá-lo, não no sentido de comportamento, mas sim no de conhecimento. Mostrar a ele que aquela era uma possibilidade de investimentos em novos ativos e no uso de uma tecnologia que era segura e transparente – a despeito de golpes e fraudes que surgiam aqui e acolá naquele nascente setor. E que, em última instância, eles poderiam confiar na gente para cuidar disso, ou ao menos educá-los para que eles cuidassem por conta própria.

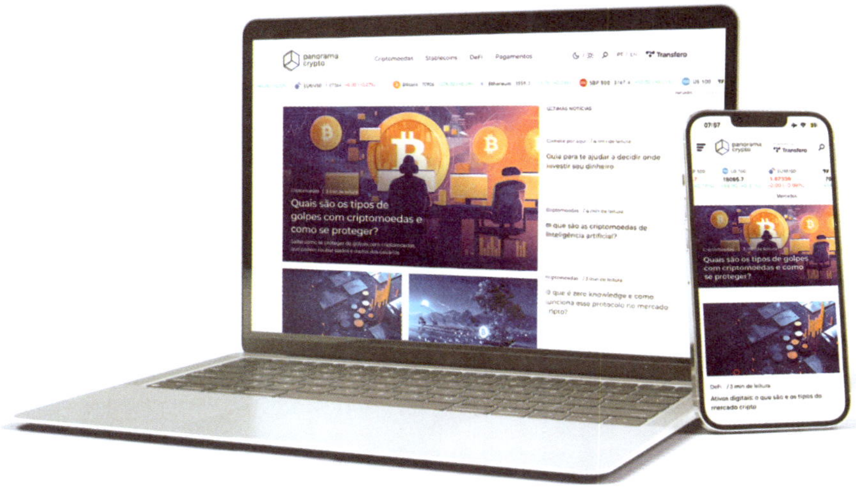

Fonte: https://panoramacrypto.transfero.com

Começamos de forma bastante intensa, com 40 conteúdos mensais divididos em curadorias – que nos posicionaram como observador da nossa área de atuação –, conteúdos utilitários, com o objetivo de entregar um serviço ao nosso leitor, e conteúdos originais, para externar a autoridade que já tínhamos e trazer pessoas e personagens para falar daquela nova classe de ativos. Fizemos o *by the book* do *brand publishing*, utilizando o *hub* proprietário como instrumento de diplomacia comercial e institucional, entrevistando clientes, *prospects* e autoridades no setor de criptomoedas.

Alguns dos nomes que trouxemos ou citamos naquele momento incluíam o presidente da Confederação Suíça, Ueli Maurer, e o então presidente da Associação Brasileira de Criptoeconomia (ABCripto), Luiz Calado. Explicamos o que representava o primeiro posicionamento da Comissão de Valores Mobiliários, órgão regulador do mercado de capitais, em relação ao setor. Publicamos diversos artigos explicando por que era tão importante olhar e acompanhar essa nova classe de ativos. E contamos ao público quem eram os principais nomes do setor naquele momento, com outros conteúdos que ajudaram a externar nossa autoridade naquilo que mais sabíamos. Era o pontapé inicial de um projeto que com muita consistência e estratégia iria nos ajudar em diversas frentes do negócio.

E, antes de avançar, faço outro parênteses. As marcas são as maiores autoridades em seus segmentos de atuação. Por mais que haja jornalistas especializados na grande mídia, são as empresas que atuam naquela área que têm as visões interna e externa. São as que têm relacionamentos em diversos níveis, com pares, governo e clientes. E o ativo de mídia proprietária é o melhor instrumento para externar essa autoridade. Com essa estratégia, unimos o melhor dos dois mundos: jornalismo setorial especializado e autoridade própria para falar sobre o tema do seu *core business*.

Passado o *MVP* – sigla para Produto Mínimo Viável –, o ano de 2019 foi o ano de explorar as diversas possibilidades daquela disciplina. O *owned media* se confirmava como protagonista das nossas ações de comunicação. Estávamos cada vez mais empenhados em mostrar as diferenças e semelhanças com o mercado financeiro tradicional. Víamos naquele momento nomes de lá migrarem para o segmento de ativos digitais e isso aumentava a confiança do público de que essa era uma nova classe de ativos. E seguíamos educando o nosso público, nos preparando para a chegada do segmento ao *mainstream*. Importante ressaltar que não vendíamos nada a esse público. Não havia persuasão, mas sim educação. Dessa forma, o investidor podia tomar suas próprias decisões e, eventualmente, poderíamos ajudá-lo.

O ano de 2019 também marcou o lançamento do BRZ Token, uma *stablecoin* (criptomoeda estável) do Real Brasileiro, o que viria a ser um veículo importante de expansão da Transfero, ao disponibilizar um *token* que facilitava o investimento em cripto em meio à crescente volatilidade, que tornava muitas vezes arriscado "dormir" em *bitcoin*. Foi nesse momento que decidimos iniciar nossas primeiras ações de assessoria de imprensa. Mas de um modo inovador: acoplado ao *brand publishing*. Era o rabo abanando o cachorro: uma iniciativa inovadora iria integrar as nossas demais ações nessa área, inclusive uma tão consolidada quanto a assessoria de imprensa. E conseguimos feitos importantes nessa área, com nossos executivos aparecendo em alguns dos principais veículos de mídia do país.

Não ficamos por aí. O "PanoramaCrypto" foi desdobrado naquele ano em um evento presencial, na Residência Oficial da Suíça no Brasil, em São Paulo. Com a participação de autoridades daquele país, o evento confirmou o respaldo do governo suíço à Transfero, uma empresa que tinha nascido no Brasil, decidido se expandir para a Suíça com um modelo de negócios próprio e trazendo de volta esse modelo ao Brasil, fechando um ciclo. Ou seja, o ativo de mídia proprietária se desdobrou para uma diplomacia editorial física e digital, o famoso figital, que está tão na moda hoje.

Foi nesse contexto que, no início de 2020, veio a pandemia. O mundo se fechava, os mercados desabavam. O ano começava com perspectivas sombrias para a economia, com reduções drásticas do PIB das principais economias do mundo. E a fórmula que os países encontraram para tornar aquele momento economicamente menos difícil era novamente a injeção de dinheiro – o que, convenhamos, já vinha acontecendo desde a crise de 2008. O resultado seria uma inflação de curto prazo sem a devida recuperação da economia global e a desvalorização do dólar. Com a proximidade do *halving* do *bitcoin*, precisávamos comunicar a nossa tese de investimentos, de que os criptoativos seriam os ativos de melhor performance naquele biênio de 2020-2021. Publicamos a nossa tese e iniciamos uma série de eventos on-line – diferentes das *lives* que inundavam nossos celulares naquele momento –, trazendo autoridades no assunto para explicar o quão importante era considerar os criptoativos como uma alternativa de diversificação do portfólio. Integramos as entrevistas em vídeo no "PanoramaCrypto" e conseguimos comunicar ao público aquilo que queríamos. Não custa mencionar que a nossa tese foi confirmada naqueles anos e nos anos posteriores. Ponto para a gente.

Com a confirmação da nossa tese e o *bitcoin* atingindo recordes nos anos subsequentes, a Transfero ganhou cada vez mais força. Em 2021, atraímos investidores e o BRZ estava cada vez mais consolidado como um dos principais criptoativos usados pelos brasileiros. Foi quando passamos a nossa estratégia de assessoria de imprensa para uma empresa especializada. Mas seguimos desenvolvendo essa disciplina integrada ao ativo de mídia proprietário. Ele continuaria a ser o protagonista dessa história de crescimento.

Daí para frente, usamos nosso ativo de mídia sempre da melhor forma possível, alinhado aos nossos interesses estratégicos. Para listar algumas das ações que fizemos acopladas a ele: canais especiais voltados para parceiros, conteúdos e *lives* especiais para educar o investidor a declarar seus criptoativos no imposto de renda – inclusive tendo lançado um *e-book* sobre o assunto –, acompanhamentos constantes sobre a transformação da regulação global e investimentos na participação no Web Summit em 2023, sempre integrando o *brand publishing* à nossa estratégia.

Em conclusão, o *brand publishing* nos transformou efetivamente em uma marca educadora, em um mercado que acreditamos muito. Nos ajudou também a identificar nossos *clusters* de audiência, permitindo que extrapolássemos esses dados para a tomada de decisão dos rumos do próprio negócio. Nos deixou prontos para os nossos próximos passos, que são oferecer um pacote completo de soluções cripto para o mercado *B2B* e mostrar para o mundo o que podemos fazer. Um ciclo completo se cumpriu, com começo, meio e fim, e essa disciplina de comunicação foi central para podermos compartilhar com o mundo o nosso slogan: "*Be Free. Be Crypto*".

SOBRE OS AUTORES

CAPÍTULO 1: TUDO SE ENCAIXA COMO NUM QUEBRA-CABEÇA

Leandro Provedel Kunzler

Gerente corporativo de comunicação e *branding* para o Brasil na ENGIE, desde 2011. Gaúcho de Porto Alegre, radicado em Florianópolis, é casado e pai de uma menina de 9 anos. Formado em Jornalismo pela Famecos – PUCRS – em 1995, desenvolveu uma carreira diversificada e sólida em comunicação, tendo atuado como repórter, apresentador, comentarista, assessor de imprensa e professor universitário. Há mais de 20 anos atua em comunicação corporativa.

CAPÍTULO 2: UMA NOVA AVENIDA DE TRABALHO NA COMUNICAÇÃO CONTEMPORÂNEA

Leandro Modé

Diretor de comunicação da Vale. É casado com Luciana e pai do João Pedro e do Antônio Bento. Paulistano da gema, nasceu e foi criado no Pari, na região central da cidade. Formou-se em Jornalismo, profissão que exerceu por quase 20 anos. Deixou as redações em 2013, em busca de ambientes mais propensos à inovação. De lá para cá, trabalhou com comunicação corporativa, assessoria de imprensa, relações governamentais e foi *publisher* do site Inteligência Financeira. Em quase 30 anos de carreira, ganhou o Prêmio Esso de Jornalismo, foi eleito duas vezes profissional de comunicação do ano pela Aberje, e esteve à frente da área de comunicação do Todos pela Saúde, quando o programa do Itaú Unibanco recebeu o PRWeek Global Awards por melhor campanha do ano de 2021 na América Latina.

CAPÍTULO 3: POSICIONAMENTO COMO INDUTOR DE BRANDING, COMUNICAÇÃO E *BRAND PUBLISHING*

Ricardo Sapiro

Sócio-fundador da Touch, consultoria especializada em posicionamento de marcas, fundada em 2010, em sociedade com Erik Galardi e Simon Clift. Assim como seus sócios, foi executivo de marketing de grandes empresas, tendo ocupado posições de Vice-Presidência América Latina e Global na Unilever, nas categorias de Cuidados com Roupas (Omo) e Cuidados com Cabelos (Seda). Na Touch, lidera a unidade de posicionamentos corporativos, em que foi responsável por clientes como Petrobrás, Gerdau, CCR, GPA, Mover (ex Grupo Camargo Correa), Sanofi, Votorantim Cimentos, BASF na Agricultura, Unilever Compra Agora e Whirlpool, entre outros.

CAPÍTULO 4: O PAPEL DO *BRAND PUBLISHING* NA COMUNICAÇÃO DE EMPRESAS

Hamilton dos Santos

Diretor-executivo da Associação Brasileira de Comunicação Empresarial (Aberje), é graduado, mestre e doutor em Filosofia pela Faculdade de Filosofia, Letras e Ciências Humanas (FFLCH-USP). Jornalista com passagens pelos principais veículos do país, no início dos anos 2000 especializou-se em Administração de Empresas, com atuações pela FDC, FGV e Stanford GBS. Trabalhou no Grupo Abril por 20 anos, onde atuou como Diretor de T&D, Diretor do Curso Abril de Jornalismo e Diretor do Instituto Abril, tendo idealizado e construído a Praça Victor Civita, na zona oeste de São Paulo. É autor, entre outros livros, de *O Triunfo das Paixões: David Hume e as Artimanhas da Natureza Humana* (Iluminuras), *Lúcio Cardoso: Nem Leviano nem Grave* (Brasiliense) e *Enfim, grávidos!* (Best Seller). Atua ainda como conselheiro de diversas organizações nacionais e internacionais, como Poiésis, Pacto pelo Esporte, Global Alliance e Page Society.

Paulo Nassar

Diretor-presidente da Associação Brasileira de Comunicação Empresarial (Aberje); Professor Titular da Escola de Comunicações e Artes da Universidade de São Paulo (ECA-USP); doutor e mestre pela ECA-USP. É coordenador do Grupo de Estudos de Novas Narrativas (GENN), da ECA-USP; pesquisador orientador de mestrado e doutorado (PPGCOM ECA-USP); pesquisador da British Academy (University of Liverpool) – 2016-2017. Entre outras premiações, recebeu o Atlas Award, concedido pela Public Relations Society of America (PRSA, Estados Unidos), por contribuições às práticas de relações públicas, e o prêmio Comunicador do Ano (Trajetória de Vida), concedido pela Fundacom (Espanha). É coautor dos livros: *Communicating Causes: Strategic Public Relations for the Non-profit Sector* (Routledge, Reino Unido, 2018); *The Handbook of Financial Communication and Investor Relation* (Wiley-Blackwell, Nova Jersey, 2018); *O que é Comunicação Empresarial* (Brasiliense, 1995); e *Narrativas Mediáticas e Comunicação – Construção da Memória como Processo de Identidade Organizacional* (Coimbra University Press, Portugal, 2018). É Conselheiro da Cinemateca Brasileira e do IEB-USP (Instituto de Estudos Brasileiros).

CAPÍTULO 5: COMO AS PESSOAS TRABALHAM COM *BRAND PUBLISHING*

Joana Almeida de Carvalho

Head de Operações e Desenvolvimento de Pessoas na Barões Brand Publishing, com MBA em Gestão de Pessoas pela USP/Esalq. Com formação em Jornalismo e Publicidade, pela UFF, acumula experiência em comunicação corporativa, nas áreas de relacionamento com imprensa e relações públicas, em multinacionais dos segmentos de bebidas e farmacêutica.

CAPÍTULO 6: GOVERNANÇA: UMA DISCIPLINA INDISPENSÁVEL PARA O SUCESSO DA ESTRATÉGIA DE *BRAND PUBLISHING*

Luciana Alvarenga Machado

Gerente de Comunicação Corporativa da Fundação Dom Cabral desde 2021, é responsável por comunicação institucional, *branding*, gestão dos ambientes digitais, gestão de eventos, assessoria de imprensa e pelo *hub* de conteúdo "Seja Relevante". Pós-graduada em Gestão de Marketing pela Fundação Dom Cabral (FDC) e graduada em Publicidade e Propaganda pelo Centro Universitário de Belo Horizonte (UNI-BH). Trabalhou como atendimento publicitário por mais de 10 anos, em grandes agências de Belo Horizonte, e foi responsável pelo planejamento e pelas ações de comunicação de clientes públicos (Governo de Minas) e privados (Grupo Santa Casa, COMAU e TEKSID do Grupo Fiat, Farmax, TIM, AeC, dentre outros).

CAPÍTULO 7: COMITÊ EDITORIAL E O ENVOLVIMENTO DAS LIDERANÇAS NA CONSTRUÇÃO DO *BRAND PUBLISHING*

Gil Maranhão Neto

Diretor e Membro do Comitê Executivo da ENGIE. Responsável pelas áreas de Comunicação Corporativa, Sustentabilidade, Mercados de Carbono e Relações Institucionais. Juntou-se à ENGIE em 1996, tendo trabalhado desde então como executivo em diversas áreas.

Graduado em Engenharia Civil, com especialização em projeto de estruturas, tem MBA em mercado de capitais e pós-graduação em estatística.

É membro eleito do Conselho de Administração da International Hydropower Association.

É membro do Conselho da Cidade do Rio de Janeiro.

Em 2021, foi nomeado Oficial da Ordem do Rei Leopoldo da Bélgica.

CAPÍTULO 8: ESTRATÉGIAS DE GESTÃO DE CONTEÚDO NO *BRAND PUBLISHING*

Beto Francellino

Head de Conteúdo da Barões Brand Publishing, onde desempenha o papel de gestor dos processos de conteúdo de diversos projetos de *brand publishing*. Jornalista formado pela FACHA, com ampla experiência em jornalismo setorial. Possui MBA em Marketing Digital pela Universidade Veiga de Almeida e em Finanças Corporativas pelo Ibmec, e torce pelo Vasco da Gama. Pai do Miguel e do Benicio, marido da Tatiane, filho da Helena e do Sebastião.

CAPÍTULO 9: DESENVOLVIMENTO E GESTÃO DE UMA PLATAFORMA DE *PUBLISHING*

João Gabriel Pereira

Sócio-fundador e diretor de Tecnologia da Barões Brand Publishing, atuando desde 2005 com plataformas digitais. Graduado em Sistemas para Internet, com pós em Marketing Digital pela FACHA; Ergodesign de Interfaces e Arquitetura da Informação pela PUC-RIO, e especializado em Cibersegurança e Gerenciamento de Risco pela Harvard University.

CAPÍTULO 10: *BRAND PUBLISHING* É *"STRONG NEWS"*

Nelson Valencio

Nelson Valêncio é jornalista profissional desde 1991, formado pela Escola de Comunicações e Artes da USP. Sempre atuou com jornalismo técnico, cobrindo áreas como telecomunicações, energia, mineração e construção. É repórter do site Brasil Energia, redator da Barões e editor do site InfraROI.

Rodrigo Conceição Santos

Editor da Barões Brand Publishing para *hubs* de conteúdo de marcas como ENGIE, Embratel, Marfrig e Fundação Dom Cabral. Jornalista com mais de 20 anos de experiência em jornalismo *B2B*. Foi repórter e editor de mídias segmentadas nos setores de telecomunicações, construção civil, TI e *broadcast*. Cofundador do portal de notícias InfraROI e da agência de produção de conteúdo Canaris Informação Qualificada.

CAPÍTULO 11: DISTRIBUIÇÃO E DADOS: DA CONSTRUÇÃO DA AUDIÊNCIA AO TRATAMENTO DE DADOS PROPRIETÁRIOS

Bruno Costa

Sócio-fundador e Diretor de Estratégia de Dados da Barões Brand Publishing. Designer com pós em Gestão de Negócios pelo Ibmec, atuando desde 2006 com *publishing* digital. Especialização em Data Monetization (MIT Sloan School) e Martech (Northwestern Medill).

CAPÍTULO 12: *OMNIPUBLISHER*: DO CONTEÚDO À MONETIZAÇÃO

Deborah Masiviero Huff

Gerente de Comunicação e Marketing Digital da Beauty Fair, onde está há 14 anos, é responsável pelo *hub* "Negócios de Beleza". Jornalista, com MBA em Gestão da Comunicação Empresarial (Aberje-ESEG) e especialização em Jornalismo Político (PUC-SP). Com 18 anos de experiência no mercado de beleza, já atuou em programas de rádio e TV (Beleza Hoje, Gazeta e Rede Mulher), revista (Cabeleireiros.com), jornal diário (Diário do Comércio e Indústria) e Assessoria de Imprensa. É pesquisadora dos métodos de Comunicação Não Violenta e palestrante na área de tendências do mercado de beleza.

CAPÍTULO 13: A EVOLUÇÃO DA COMUNICAÇÃO NO COOPERATIVISMO

Jorge Florêncio Ribeiro Neto

Executivo de Comunicação Corporativa na Cooxupé desde 2011, está há 46 anos na empresa. Natural de São Pedro da União – MG, é advogado, com MBA em Finanças e Cooperativismo e MBA em Gestão em Cooperativas pela Universidade de São Paulo (USP).

Queila Panhotta da Silva

Coordenadora de Comunicação e Marketing da Cooxupé. Natural de Ilha Solteira – SP. É graduada em Administração de Empresas e em Comunicação Social, com MBA em Gestão de Cooperativas pela Fundace-USP (Universidade de São Paulo).

Atua há 27 anos na área de Comunicação e Marketing da Cooperativa Regional de Cafeicultores em Guaxupé Ltda – Cooxupé.

CAPÍTULO 14: NA HORA E NO LUGAR CERTO. O INÍCIO DE UMA MARCA *PUBLISHER*

Aline Caio

Fundadora e Consultora na PraGente Comunicação, atuou na Marfrig como gerente de Comunicação, onde implantou o "Prato do Amanhã". É apaixonada pela transformação e potência da comunicação, auxilia empresas e pessoas a consolidar sua autoridade, fortalecer sua imagem e reputação por meio da comunicação integrada, consistente e efetiva.

Formada em Relações Públicas pela Cásper Líbero e pós-graduada em Administração pela Fundação Getúlio Vargas, Aline acumula cerca de 20 anos de experiência em comunicação corporativa.

CAPÍTULO 15: COMO A TRANSFERO DECIDIU SER UMA MARCA EDUCADORA

Guilherme Murtinho

Cofundador e *CMO* da Transfero, reside em Zug, na Suíça, no coração do famoso "Crypto Valley", *hub* que concentra diversas empresas de tecnologia *blockchain*. Formado em Desenho Industrial pela PUC-Rio e com especialização em *Branding* pelo Istituto Europeo di Design, é empreendedor com *background* em Comunicação e Marketing. Fundou sua própria agência, atendendo clientes em diversos setores. Em 2014, iniciou sua jornada no digital, auxiliando projetos a se internacionalizarem através de uma aceleradora canadense. Seu envolvimento com a Bit.One, primeiro *gateway* de pagamentos em criptomoedas, o levou à sua participação na fundação da Transfero. Apaixonado pelo setor de *blockchain* e criptomoedas, acompanha de perto as tendências globais.

BIBLIOGRAFIA

LIVROS E ESTUDOS

DEBORD, Guy. A sociedade do espetáculo Rio de Janeiro: Contraponto, 2007.

ERBOLATO, Mário L. Técnicas de codificação em jornalismo – redação, captação e edição no jornal diário. São Paulo: Ática, 1991.

FERREIRA, Paulo Henrique de Oliveira. Brand Publishing e Transição Midiática. Como a comunicação editorial das marcas vai mudar a sociedade, os negócios e a sua empresa. Rio de Janeiro: Editora Robecca & Co., 2022.

FERREIRA, Paulo Henrique de Oliveira. Notícias no celular: uma introdução ao tema. Dissertação (Mestrado em Ciências da Comunicação) – Escola de Comunicações e Artes, Universidade de São Paulo. São Paulo, p. 164, 2005.

HARARI, Yuval. Uma Breve História da Humanidade. São Paulo: L&PM, 2011.

HILLER, Marcos. A Arte de Construir Marcas. São Paulo: Trevisan Editora Universitária, 2012.

KARTAJAYA, KOTLER, SETIAWAN, Hermawan, Philip, Iwan. Marketing 4.0: Do tradicional ao digital. Rio de Janeiro: Sextante, 2017.

MCLUHAN, Marshall. Os meios de comunicação como extensões do homem. São Paulo: Editora Cultrix, 1964.

INTERNET

BEATH, OWENS, WIXOM, Cynthia M., Leslie, Barbara H. Data Is Everybody's Business. MIT Center for Information Systems Research, 2021. Disponível em: https://cisr.mit.edu/publication/2021_0401_DataHeartsMinds_WixomOwensBeath. Acesso em: 15 mai. 2024.

BRAND Publishing e a Proteção de Dados Pessoais. Barões Brand Publishing, 2020. Disponível em: https://baroes.brandpublishing.com.br/wp-content/uploads/2020/09/White_Paper_Baroes_Lgpd.pdf. Acesso em: 15 mai. 2024.

BROWN, Sara. It's time to 'radically escalate' your commitment to data. MIT Sloan, 2021. Disponível em: https://mitsloan.mit.edu/ideas-made-to-matter/its-time-to-radically-escalate-your-commitment-to-data. Acesso em: 15 mai. 2024.

DALY, Jimmy. Your Blog Is Not a Publication. Animalz, 2018. Disponível em: https://www.animalz.co/blog/library-vs-publication/. Acesso em: 15 mai. 2024.

DATA drives value on the balance sheet for customer experience brands. Adobe Business Blog. Adobe, 2021. Disponível em: https://business.adobe.com/au/blog/perspectives/data-drives-value-on-the-balance-sheet-for-customer-experience. Acesso em: 15 mai. 2024.

DATA is giving rise to a new economy. The Economist, 2017. Disponível em: https://www.economist.com/briefing/2017/05/06/data-is-giving-rise-to-a-new-economy. Acesso em: 15 mai. 2024.

DEBATE Collor x Lula. Memória Globo, 2021. Disponível em: https://memoriaglobo.globo.com/erros/debate-collor-x-lula/noticia/debate-collor-x-lula.ghtml. Acesso em: 15 mai. 2024.

DEIBERT, Ashley. Why advertisers are leaning into digital publishing strategies. Digiday, 2020. Disponível em: https://digiday.com/sponsored/why-advertisers-are-leaning-into-digital-publishing-strategies/. Acesso em: 15 mai. 2024.

DUNCAN, Alan D. Over 100 Data and Analytics Predictions Through 2025. Gartner, 2021. Disponível em: https://emtemp.gcom.cloud/ngw/globalassets/en/doc/documents/744238-100-data-analytics-predictions-2025.pdf. Acesso em: 15 mai. 2024.

EDELMAN Trust Barometer. Edelman, 2023. Disponível em: https://www.edelman.com/trust/2023/trust-barometer\. Acesso em: 15 mai. 2024.

EDELMAN Trust Barometer – Relatório Nacional. 2023. Disponível em: https://www.edelman.com.br/sites/g/files/aatuss291/files/2023-04/2023%20Edelman%20Trust%20Barometer_Brazil%20Report_POR%20%281%29_0.pdf. Acesso em: 15 mai. 2024.

GOZMAN, Vlad. The Death Of Cookies: Leveraging A Zero-Party Data Strategy. Forbes, 2023. Disponível em: https://www.forbes.com/sites/theyec/2023/02/07/the-death-of-cookies-leveraging-a-zero-party-data-strategy/. Acesso em: 15 mai. 2024.

ISKIEV, Maxwell. The 2024 State of Marketing & Trends Report: Data from 1400+ Global Marketers. Hubspot Blog, 2024. Disponível em: https://blog.hubspot.com/marketing/hubspot-blog-marketing-industry-trends-report. Acesso em: 15 mai. 2024.

JANARDHAN, Kamal. Simplifying the management of your first-party data. Google Ads & Commerce Blog, 2023. Disponível em: https://blog.google/products/ads-commerce/simplifying-the-management-of-your-first-party-data/. Acesso em: 15 mai. 2024.

MCHALE, Siobhán. 10 phrases you hear in healthy cultures. Linkedin, 2024. Disponível em: https://www.linkedin.com/feed/update/urn:li:activity:7135224301707821056/. Acesso em: 15 mai. 2024.

PATEL, Neil. Arquitetura da Informação: O Que É, Os Componentes e Metodologias. Neil Patel, [s.d.]. Disponível em: https://neilpatel.com/br/blog/arquitetura-da-informacao/. Acesso em: 15 mai. 2024.

PATHAK, Shareen. Research: Low-value content erodes consumers' trust in brands. Toolkits, 2023. Disponível em: https://toolkits.com/brand-publishing/quality-content-trust/. Acesso em: 15 mai. 2024.

QUEM viu debate editado em 1989 votou mais em Fernando Collor. Insper, 2023. Disponível em: https://www.insper.edu.br/conhecimento/historia-economica/quem-viu-debate-editado-em-1989-votou-mais-em-fernando-collor/. Acesso em: 15 mai. 2024.

SLOANE, Garett. Zero-party data and brands—how marketers are continually navigating privacy crackdowns. AdAge, 2022. Disponível em: https://adage.com/article/digital-marketing-ad-tech-news/zero-party-data-and-brands-how-marketers-are-navigating-privacy-crackdowns/2426816. Acesso em: 15 mai. 2024.

STEVENS, Emily. What is UI design? A complete introductory guide. UX Design Institute, 2022. Disponível em: www.uxdesigninstitute.com/blog/what-is-ui-design/. Acesso em: 15 mai. 2024.

TENDÊNCIAS e Perspectivas do Trabalho, Wework, 2024. Disponível em: https://www.wework.com.br/tendencias-e-perspectivas. Acesso em: 15 mai. 2024.

WHAT is a content management system (CMS)? Kinsta, 2024. Disponível em: kinsta.com/knowledgebase/content-management-system/. Acesso em: 15 mai. 2024.

SOBRE A BARÕES BRAND PUBLISHING

SOBRE A EDITORA ROBECCA & CO.

A editora Robecca & Co. foi criada em 2021 pelo sonho da fundadora, Andréa Naccarati de Mello, uma ex-executiva de marketing, em escrever e editar livros diferenciados, de personalidade e inspiradores, com temas ainda carentes no mercado brasileiro. Pelos livros já publicados sobre *Customer Experience* (CX), Gestão do relacionamento com o cliente (CRM) e Brand Publishing e Transição Midiática, se tem uma clara ideia da ambição desta nova editora de ter um papel relevante no mundo e contribuir para o fortalecimento das marcas, a felicidade dos clientes e a sustentabilidade das empresas no longo prazo.

www.editorarobecca.com.br